# 40代がもっと楽しくなる方法

中谷彰宏

AKIHIRO NAKATANI

「40代は楽しいぞ」
と言ってくれる人に
一人でも出会うことで
40代は楽しくなる。

中谷彰宏

あきひろ

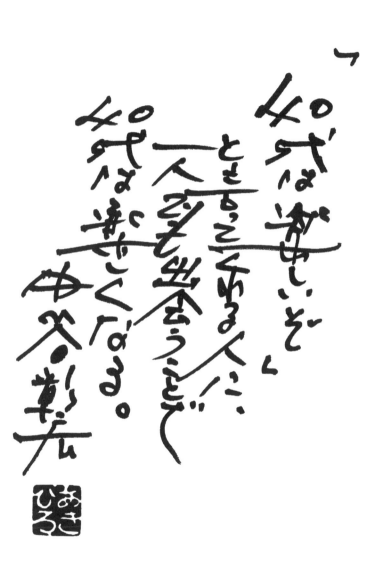

この本は、

３人のために書きました。

---

1 楽しみが見つからない、40代の人。

2 40代になるのが不安な、30代以下の人。

3 40代のころからやり直したい、50代以上の人。

まえがき

# 01 「40代は楽しいぞ」のひと言で、希望が持てた。

私が38歳の時に、モデル事務所・サトルジャパンの小林悟《こばやしさとる》社長に「中谷さん、40代は楽しいよ」と言われました。

悟さんは、私よりちょうど10歳上です。

このひと言が私の未来を明るくしてくれました。

会社の中だけにいると、自分よりも10歳上、20歳上で楽しそうにしている人を見つけるのは、なかなかむずかしいのです。

**大切なのは、「40代は楽しい」と言ってくれる人に出会うことです。**

未来が下り坂に見えてくると、今、生きていることが楽しめないのです。

私はルー大柴さんと一緒にラジオ番組をやっていました。

ルーさんは私の5歳上で、石田純一さんと同い年です。

石田純一さんとルー大柴さんを前にすると、5年後はけっこう楽しそうだなと思えました。

奥田瑛二さんも私より9歳年上ですが、楽しんでいて、カッコいいのです。

世の中全体の比率は関係ありません。

そういう人が1人でも2人でもいることで、自分自身の今が楽しくなり、その年代に向かって歳をとることが楽しくなります。

子どもが大人を見て「早く大人になりたい」と思えるような社会が、子どもたちが豊かに育っていく社会です。

「大人になったら大変だな」と思わせたら、子どもたちは育つのがイヤになって、幼児化現象が進むのです。

社会人にも同じような現象が起こっています。

年上の人は、年下の人に楽しんでいるところを見せたほうがいいのです。

**年下の人は、より楽しんでいる年上の人を見ることが大切です。**

歳をとることがつらいのは、楽しんでいる人もいるのに、つらい人だけを見ているからです。

40代で楽しそうな人たちは、どこかに必ずいます。

身のまわりにいないのは、まわりには同じレベルの人しかいないからです。

40代をもっと楽しむためには、みずから動いて、そういう人たちを探しに行くことが大切なのです。

40代を
楽しむ方法
01

## 楽しんでいる先輩を見つけよう。

# 40代を楽しむ59の方法

01 楽しんでいる先輩を見つけよう。

02 大爆笑しよう。

03 モノを減らそう。

04 見識を、覚悟を持つことで、胆識に変えよう。

05 実力のなさがバレることを恐れない。

06 緊張することをしよう。

07 恋をしよう。

08 会話量を増やそう。

09 派手で目立つより、上質で目立とう。

10 役割を振り分けよう。

11 遠慮しないで、取り分けよう。

# 40代がもっと楽しくなる方法　もくじ

## 第3章 40代は名刺交換のないつき合いをする。

## 第4章 40代は一見、逆走に見えることがスタートだ。

## 第5章 40代の仕事の楽しみは、効率の悪いほうにある。

# 第1章

# 40代は
# 知識を体験することで、
# 見識に変える。

# 02
# 大爆笑できるのが、大人だ。鼻で笑うのは、オヤジだ。

小学校の給食の時間に、牛乳を鼻から出して大笑いしている友達がいました。

大人になってから、あるパーティーで、みんなから離れたところに座って、小学校の給食の時間のように鼻から牛乳が出そうなくらい大笑いをしている人を見つけました。

「この人は私より歳が上なのに、よくこれだけあけっぴろげに無防備に大爆笑ができるものだな」と思いました。

それがサトルジャパンの小林悟《こばやしさとる》社長との最初の出会いです。

その後、悟さんとはホームパーティーに招いていただける関係になったのです。

40代になると、「オヤジ」と「大人」の2通りにわかれます。

「オヤジ」は冷笑します。

鼻で笑って、大爆笑はしません。

自分でオヤジギャクを言って、自分で笑っています。

まわりが笑わないと怒るくせに、人の話には笑いません。

「笑うと負け」と思っているのです。

勝ち負けにこだわっている時点で、その人は余裕のない生き方をしています。

世の中には勝ち負けのある世界ももちろんありますが、99・9%は勝ち負けのない世界です。

**勝ち負けのないところに、豊かな世界がたくさんあるのです。**

小学校時代から勝ち負けの世界をずっと引きずっている人は、ほかの人が何か面白い話をすると、笑うどころか、ムッとします。
「面白い話を向こうにされて、負けた」と思うのです。
まわりの女性がその話に笑っていると、「オレのほうがもっと面白い」と、ますますオヤジギャグを連発して、相手はどんどん引いていくという負のスパイラルに入っていくのです。

**楽しんでいる「大人」は、人の話に大爆笑できます。**

小学校の給食の時間に鼻から牛乳を出して笑っていたような、豪放磊落《ごうほうらいらく》な、あけっぴろげで無防備な笑い方のできることが、その人の余裕です。
その人は、勝ち負けの世界から明らかに抜け出しているのです。

40代を
楽しむ方法
02

## 大爆笑しよう。

# 03 30代までは、モノが多いほうが豊か。40代からは、モノが少ないほうが豊か。

30代と40代はどちらも、より豊かになっていく年代です。
ただし、豊かさの基準が違います。
30代までは、モノが増えていきます。
クルマ・時計・家があることを自慢するのが、30代までの豊かさです。
40代で豊かさの定義が反転します。
40代からは、モノを持たないことが豊かさです。
たとえば、テリー伊藤さんはクルマが好きです。

テリーさんは、生き方自体がカッコいいです。

自分はクルマを持たないで、高級ビンテージカーをレンタルしているのです。

そのほうが、毎日、違うクルマに乗ることができるからです。

むしろ、クルマを持っていないほうがオシャレです。

一方で、別荘を持っていても、なかなか行く時間のない人がいます。

年に1回、掃除に行くだけです。

もはや所有者なのか管理人なのかわかりません。

それは決して豊かとはいえません。

別荘はなくても、世界中を旅行している人のほうがオシャレなのです。

30代までは、家の中のモノが増えていきます。

40代からは、モノが減って、家の中に何もないのがオシャレな状態です。

50代になっても、家の中にモノが増え続けて、ディスカウントショップのようになっている人もいます。

40代を
楽しむ方法
03

# モノを減らそう。

その人の豊かさの定義は、30代で止まっているのです。
豊かさの定義を成長させていくことが大切です。
30代の定義を40代でも引きずっていたら、逆に貧しくなっていきます。
服をたくさん持っていることがオシャレなのではありません。
いいモノを少なく持っていることが豊かさです。
本当の豊かさは、手でさわれるものばかりではありません。
**手で持てないもの、所有できないもの、目に見えないものが真の豊かさになるのです。**

# 04

# 知識を、体験することで、見識に変える。

40代になると、知識はそこそこあります。

知識が知識のままで終わることが「ウンチク」です。

これで嫌われるのです。

それなら何も知らない人のほうが爽やかです。

ウンチクを語る人と一緒に食事に行くと、ワインや食べ物についてグダグダ語って、なかなか食べさせてもらえません。

料理はどんどん冷めていきます。

料理人からも嫌われるし、一緒に行った人からも「めんど臭い人だな」と思われるのです。

知識は、体験することによって「見識《けんしき》」になります。

体験を伴わない知識が「ウンチク」です。

たとえワインの味がよくわからなくても、体験している人は「こっちの安いほうが、私はむしろ好き」ということが言えるのです。

体験のない人は好き嫌いの基準を言えないので、「これって実は高いんだよ」という話ばかりになります。

自分の好き嫌いよりも、「それっていくらですか」と、値段を聞くのです。

または、「これっていくらだと思う？　高いんだよ」と、自慢します。

モノの価値は、値段で決まるものではありません。

**値段の話になった時点で、その人は自分の価値軸を持っていないのです。**

こういう人が詐欺に遭います。

高いほうがいいと思ってニセモノをつかまされて、高い授業料を払わされるのです。

「見識」には、さらに上の段階があります。

「見識」に「覚悟」をプラスすると、「胆識《たんしき》」に変わります。

好きなモノを買っても、当たりハズレはあります。

ハズレた時に「もう二度と買わない」と言う人は、覚悟がないのです。

本を1冊読んで面白くなかったら、二度と本は読まないと言う人もいます。

歌舞伎を1回見に行って面白くなかったら、二度と歌舞伎には行かないと言う人もいます。

高いワインを買っておいしくなかったから、二度とワインを買わないと言う人もいます。

骨董品を買ってニセモノだったから、もう二度と骨董品を買わないと言う人もいます。

こういう人たちは、覚悟がないのです。

せっかく知識が体験で見識になったのに、体験してうまくいかないからとやめてしまうと、胆識までたどり着けません。

40代は、知識を体験で見識に変え、見識に覚悟を持って胆識に変えていく時代なのです。

40代を
楽しむ方法
04

## 見識を、覚悟を持つことで、胆識《たんしき》に変えよう。

# 05
# 全力を出すことで、実力がわかる。バレたところから、成長が始まる。

30代までは、すぐに実力がバレます。

40代になると、だんだん実力がバレなくなります。

「オレはまだ本気を出していない。本気はこんなもんじゃない」と言って、ごまかすことができるのです。

たとえば、「本を書きたい」と言いながら、8割以上は書かない人がいました。

完成させると、「つまらない」と言われてボツになるからです。

これは実力がバレることへの恐怖です。

楽しむためには、たとえボツでも実力がバレるのを受け入れることがスタートです。

そうすることで、何を直せばいいのか、どこを勉強すればいいのかがわかります。

**実力がバレるのを恐れている人は、そこで止めてしまいます。**

「あとの2割で面白くなる」と言って、永遠に完成させないのです。

バレたところから成長が始まります。

30代は、上から「完成させろ」と言われます。

40代になると、別に完成させなくても、うやむやでごまかせます。

「そのうち書ける」とか「頭の中ではできている」と言って、わざと完成させないのです。

これをしていると、その人はそこで止まります。

30代までは、実力がバレても平気です。

**40代になると、みっともなくてイヤなのです。**

今はどこの会社でも社内で英語研修をしています。

3人1組で、社内のいろいろな部署から集められます。

20代の人はたくさんいますが、40代はなかなか参加しないのです。

20代の人は、40代の人より英語が得意です。

40代の人は、会社の組織のはるかに目下の人に負けるのが耐えられなくて、やめてしまうのです。

英語は、1人1人ではなく、大ぜいで話す機会が多いのです。

「なんで3人1組でやるんだ。1人1人でやればいいのに」と、文句を言っている人は、永遠に英語ができるようにならないのです。

40代を
楽しむ方法
05

## 実力のなさがバレることを恐れない。

# 06
# 避けようと思えば、緊張するような場所に行かなくてもすむ。

40代になると、だんだん緊張するような場に行かなくなります。
30代までは、緊張する場にも行かざるを得ませんでした。
自分の意志で行く場所を決められないからです。
40代になると、誰かをかわりに行かせることができます。
緊張を避けようと思えば、いくらでも避けられるのです。
緊張を乗り越える力をつけるには、緊張する回数を増やすことが大切です。
緊張する回数が少ないと、緊張にムチャクチャ弱くなるのです。

40代で、

①　緊張する場を避ける人

②　緊張する場にあえて行く人

の2通りにわかれていきます。

**40歳を過ぎたら、自分から緊張する場を選ばないと、緊張する場所に行けなくなります。**

緊張するような場所に行って恥をかくのは、20代より40代のほうが精神的にきついのです。

だからこそ意味があるのです。

40代で恥をかける人は、よほど器の大きい人です。

英語にしてもダンスにしても、習いごとの場は緊張します。

パソコン教室では、20代・30代の人はパソコンにどんどんさわります。

40代の人は、腕を組んだままです。

40代を
楽しむ方法
06

# 緊張することをしよう。

「このボタンですね。わかりました」と言うだけで、パソコンにはさわりません。

さわったからといって、別に爆発するわけではないのにです。

インストラクターの人に「何かわからないことがあったら質問してください。大丈夫ですか」と聞かれると、「大丈夫です」と答えます。

「わかりますか」と聞かれると、「わかります」と答えます。

そのまま腕を組んで、マニュアルにマーカーで線を引いて、ずっとノートをとっているのです。

パソコンや外国語など、習いごとをすることは新たな緊張を生み出します。

習いごとほど緊張するのにいい勉強の場はないのです。

# 07

## 恋をすることで、脳が活性化する。

40代でも、恋愛をすることで脳が活性化します。

実際につき合わなくても、物語や韓流、映画の登場人物に恋をしてもいいのです。

頭の中に「恋をする」という感情が湧くことで、ワクワクしたり、ときめいたりします。

その感情は、脳の中では合理性と真逆のところにあります。

知り合いの企業の経営者が「最近、好きな人ができて」と言っていました。

私は「ああ、いいですね。恋愛はしたほうがいいですよ。そうしないと、社長の会社はそこで止まります」と言いました。

企業経営は合理性の極みです。

どこまでムダを切り詰めて、どこまで効率化を極めるかが勝負です。

恋愛は効率とは真逆のところにあるのです。

好きな人ができると、時間も、お金も、精神力も、ダダ漏れです。

非効率の極みです。

仕事では時間を切り詰め、お金を切り詰め、労力を切り詰めて成功した人が、人を好きになった瞬間にダダ漏れになるのです。

ただ、その合理性と非合理性を掛け合わせることによって、その人は1段上に上がっていきます。

**恋愛は、合理性だけで物事を解決しません。**

**ものの考え方を変えることで、脳に新しい刺激を生み出します。**

それは、今の合理性の上位概念としての合理性です。

切り詰めている人にとって、ムダづかいはきついのです。

仕事でムダづかいしている人は、恋愛でムダづかいしても別に平気です。

仕事では爪に火をともすように切り詰めていた人が、恋愛では女性にムダづかいするということが起こります。

それを経験した人は、経営者として、もう1段上がっていけるのです。

40代を楽しむ方法07

## 恋をしよう。

# 08
# セクハラ扱いになるのは、会話量が少ない人だ。

セクハラで訴えられたり注意を受ける人は、「あいつのはなぜＯＫで、自分のはなぜアウトなのか。結局、自分が嫌われているからではないか」と考えます。

基準がまったくわからないのです。

「セクハラって、結局、好かれているか嫌われているかでしょう？　だって、あいつはもっとひどいことをしているのに、なんでおとがめなしなの？　自分はたかだかこんなことでなんで？」と言うのです。

理由は簡単です。

セクハラで訴えられるのは、ふだんの会話量が少ないからです。

人との距離感がわからないので、「ここまで言ったらアウト、ここまでならセーフ」というのがわからないのです。

ふだんの会話のキャッチボールの回数が多いと、そのギリギリの線の距離感がわかってきます。

ふだんの会話量が少ない人は、何か言わなければと、突然、「結婚しないの？」と聞いてしまいます。

ふだん会話をしていないから、何を話していいかわからないのです。

自慢話はＮＧと聞くと、一気に下ネタへいってしまいます。

これでアウトです。

**ふだんから会話量の多い人は、会話のネタがたくさんあります。**

セクハラに問われないためには、ふだんから会話量を増やしておくことです。

**会話量を増やす一番のメリットは、人間と人間との距離感がわかることです。**

40代を
楽しむ方法
08

# 会話量を増やそう。

距離感の間合いがつかめることが大切です。

「どこまではいいんですか」と言いますが、そのつど状況は違います。

間合いは動きます。

「この言葉はＯＫ、この言葉はダメ」という固定したものではありません。

流動している間合いがわかるようになるには、ふだんからたくさん会話して、小さな失敗を繰り返しておきます。

そうすれば、大被害にはなりません。

これが、同じ言葉を言っても、おとがめのない人と、とがめられる人とにわかれる理由なのです。

# 09

## 残念な人は、派手で目立ち、楽しめる人は、上質で目立つ。

40代は、そこそこお金が入ってきます。
そこそこの年齢になって、差が出てくるのがファッションです。
ファッションで40代としての威厳を出そうとすると、
① 派手で目立つ
② 上質で目立つ
という2通りにわかれます。
間違ったちょいワル化を目指すと、派手のほうに転びます。

それも、とってつけたような、昨日、今日のちょいワルなので、その派手さは板についていません。

派手さも、30年、40年続けていると板についてきます。

ずっとサーフィンをしている人のTシャツはいいのですが、突然Tシャツを着ると、ただの貧相に見えます。

突然アロハを着ても、ビアホールの店員にしか見えないという形になってしまいます。

それだけ派手はむずかしいのです。

まずは、上質さで目立つことです。

上質さというのは、一見目立ちにくいです。

ところが、くっきり差が出ます。

派手ではなく、質で差をつけることが大切です。

雑誌に「これでモテるオヤジになれる」という特集が出ています。

すると、読者から「雑誌に載っていた通りに買ったのに、モテないんですけど」という問い合わせが編集部に来るのです。

それは、読者の腕次第です。

服がオシャレで、中身がとってつけたような人は、そのギャップで余計ヘンな印象になります。

そういう人は、服にオシャレを教えてもらう時間が必要です。

単に上質な服を買っただけでは、オシャレとはいえません。

**上質な服をキッカケにして、自分自身の内面を磨いて、姿勢をよくすることを心がければいいのです。**

40代を楽しむ方法 09

## 派手で目立つより、上質で目立とう。

# 10 パーティーの進行係ができるようになる。

40代になってできなければならないのは幹事です。

パーティーでは進行係が必要です。

会社の周年行事や、それぞれプライベートな寄り合いなどのパーティーごとで大切なことは、まずは主役と進行係が分離することです。

よく失敗しているのは、1人で主役兼進行係をすることです。

これがグダグダになる原因です。

主役だけが満足して、来たお客様は満足しないという事態になります。

こういう人は、パーティーをナメています。

何でも自分でしないと気がすまない人は、経営者でもしくじるタイプです。

主役は主役、進行係は進行係でわかれることによって、お客様を満足させることができます。

客観の目を持てばいいのです。

主役が進行係もしてしまうと、客観で物事が見られません。

主役という主観の存在だけになります。

進行係は客観である必要があります。

主役が進行係も同時にしてしまうと、いわゆるマイクを持って離さない状態が起こるのです。

40代では、主役ではなく進行係を引き受けることが大切です。

**進行係の全仕事を自分一人で引き受けないことです。**

その中の仕事を、今度は全員に役割分担します。

幹事ごとができる人とできない人は、役割分担を振れるか振れないかでわかれます。

自分で全部しようとするまじめなタイプは破綻します。

そのため楽しくありません。

これは、人に仕事を振ることに対しての罪悪感があるからです。

結局、それでは限界がきてうまくいきません。

自分は何もしないで、人に振ったらサボっているように思われるのではないかという間違った思い込みから、そういう現象が生まれるのです。

40代を
楽しむ方法
10

# 役割を振り分けよう。

# 11 取り分け係をする。

40代になると、パーティーでは「こっちに座ってください」と、上座に座らされるようになります。

場持ちする人なら上座に座っていいのです。

話がヘタなのに上座に座ってしまうと、何もしていないことになるので、本人も居心地が悪いし、まわりの空気も楽しくない状態になります。

この時、仕事を見つける必要があります。

人手が一番足りない仕事は、お皿の下げ係です。

こういう場の楽しみ方がヘタな人は、料理を持ってくるのが好きです。

それだけでは、テーブルが快適な環境になりません。

使われていないお皿やグラスを下げたり、灰がたまった灰皿を下げて、常にテーブル環境を快適に保つことが一番大切です。


あるチャリティーイベントで、政治家・文化人・経営者がホストになって、ホストクラブをしました。

私が仲よしのホストの人に来てもらい、「テーブルでそれぞれ注文をとってくださいね」と、事前に30分研修しました。

結果として注文が売上になるからです。

それぞれのテーブルにホスト役が1人と、お客様が４人座るという形です。

実際に始めると、オヤジたちはみんな、「オレ、水割り」と言うので、「だから、『注文とって』と言ってるじゃないですか」と、注意してばかりです。

ふだんと同じで、注文をとる係ではなく、お客様側にまわる状態になってしまったのです。

最近のパーティーでよくあるのは、着席ビュッフェという形です。

そうすると、きれいなテーブルとそうではないテーブルにくっきりわかれます。

料理がひたすら置かれて、誰のグラスかわからない飲みかけのグラスが山盛りになっているのは、結局、持ってくる人だけがいて、下げる人がいない状態です。

**常に必要なのは、「下げ係」と「取り分け係」です。**

中華の回転テーブルを「どうぞ、取って」とまわすのではなく、すかさずアクアパッツァを見事にわけられる人はオシャレです。

**取り分けで一番大切なことはスピードです。**

量の多い少ないはあまり関係ありません。

量にこだわると、パスタを1本ずつわけて、「そっち、多かったね」と回収することになります。

具にいたっては、きちんとわけるためにエビを5分の1にすると、何が入っているのかわからなくなってしまいます。

几帳面すぎる人は取り分けがヘタです。

取り分ける時は、グズグズ言わないでさっと勢いをつけます。

取り分けのスピードが遅いと、せっかくおいしいものがおいしくなくなってしまいます。

「取り分け係」と「下げ係」のできる人が、40代を楽しめる人なのです。

40代を
楽しむ方法
11

## 遠慮しないで、取り分けよう。

# 12

# マナーを身に付ける。

「マナーは身に付いています」と言う人がいます。

それは社内のマナーです。

マナーには、「社内のマナー」と「社会のマナー」があります。

**「社内のマナー」と「社会のマナー」とは違います。**

自分が今まで会社で習っていたのは社内のマナーであって、社会的なマナーではないことに気づく必要があります。

**「社内のマナー」と「社会のマナー」は真逆の場合があります。**

社内的なマナーは、新入社員の時から教わったマナーです。

新入社員研修の時に「名刺はこう出す」と教わります。

社外に出ると、「ここで名刺を出すのはＮＧ」というルールがあります。

オシャレなパーティーでは名刺交換はしません。

ひどいのは、ダンスパーティーのフロアで名刺交換をする人です。

ダンスパーティーの燕尾服にはポケットがありません。

燕尾服にケータイや名刺入れを入れる必要はないからです。

それなのに、フロアへ来て名刺交換をするのはおかしいです。

その人は、それが正しいマナーだと思い込んでいるのです。

主催者はせっかくオシャレな場にしようとしているのに、そこで名刺交換をすると、その場の雰囲気が壊れます。

「何かをすること」だけがマナーなのではありません。

「ここではそういうことはしてはいけない」というマナーもあるのです。

40代を
楽しむ方法
12

# 社内のマナーを、外に持ち出さない。

会社内でのマナーが社会全体のマナーだと思うのは大間違いです。

40代は、会社内のマナーは完成しています。

社会では、それは一ローカルルールにすぎません。

インターナショナルのルールにはなっていないのです。

大きい会社に勤めている人であればあるほど、「これが世界のすべてだ」と思い込みがちです。

会社外のコミュニティがある人は、「会社で教わったルールは、ごく一部のローカルルールだ」と気づけます。

会社のマナーは外へ持ち出さないで、社会のマナーを身に付けることが大切なのです。

# 13 楽しめる大人は、自慢できる失敗談を持っている。

オヤジとオバサンの話がつまらないのは、成功談を語るからです。
しかも、大昔の自分が一番ビッグだった時代の鉄板の成功談ばかりです。
楽しんでいる大人は、最近の失敗談を語ります。
失敗談には2つの条件があります。
1つは、常に新ネタであることです。
要は、「今週、こんなことがあった」という話です。
つまらないオヤジは、「昔ね」から始まります。

聞いている人は、「出ました。『昔々、あるところに』だな」と、ウンザリします。

昔話を何回も反復する人は、新しい体験、新しいチャレンジ、新しい失敗をしていないのです。

もう1つは、スケールの大きさです。

聞いていて面白いのは、いくら儲けたという話より、いくら損したという話です。

これを笑いながら語るところに、その人の器を感じます。

**明るく話す失敗談が「武勇伝」です。**

失敗談を聞くと、「それでもこの人は生きている」と思えるので、ワクワクします。

チャレンジする人生を歩んできたことを語るのが武勇伝なのです。

40代を
楽しむ方法
13

## 最近の武勇伝を、持とう。

# 第2章

# 40代は子どものころ、したかったことをする。

# 14 子どものころ、したかったことをする。

40代になって、「したいことが見つからない」と言う人がいます。

そういう時は、子どもの時に中断したり、挫折したこと、受験で忙しくなってやめたことを思い出せばいいのです。

子どもの時は、誰もが自分のしたいことをしています。

「それをしたからどうなる」という打算のないことが、本当に好きなことです。

私は子どものころ、ボウリングブームがあってボウリングをしていました。

私が40代になって競技ボウリングを始めたのは、子どもの時にしていたことをそのまま延長で繋《つな》げただけです。

もう1つ、私が子どもの時にしていたことで手を出していないのは将棋です。

これは仕事ができなくなるので封印しています。

ボウリングのよさは、ボウリング場に行かないとできないことです。

ところが、将棋は盤がなくても、24時間、頭の中でできます。

将棋もいろいろなお誘いがありますが、仕事をするためにガマンしているのです。

「したいこと」の探し方の基準は、一から何かを探すというよりは、子どもの時にしていたことを考えることです。

**中断していた自分の好きなことを、40代から続ければいいのです。**

40代を
楽しむ方法
14

## 途中で止まっていることを思い出そう。

# 15
# 親がすることで、子どもは自動的にする。

子どもに習いごとをさせたいと考えるお母さんに多いのが、

「子どもの時にバイオリンを習えなかったので、子どもにバイオリンを習わせる」

「子どもの時にバレエを習わせてもらえなかったから、子どもにバレエを習わせる」

「子どもの時にもっと英語を勉強しておけばよかったと思うから、子どもに英語を勉強させて、インターナショナルスクールに入れたい」

と、自分ができなかった習いごとをさせることです。

しかも、そこそこお金のかかる習いごとです。

さらには、お受験の予備校はけっこう高くつくので、お父さんとお母さんの勉強代を減らして、子どもの勉強代にまわす人がいます。

それでは、結果として子どもが勉強するようにはなりません。

子どもに習わせたいことは、まず親が習えばいいのです。

そうすると、子どもも「習いたい」というモチベーションが湧いてきます。

親が習ったことがなくて、子どもにムリヤリ習わせると、子どもがバレエや英語を好きになるせっかくの可能性をつぶしてしまいます。

**ムリヤリさせられると楽しくありません。**

**それよりは、親や他人がしていることをしたいのです。**

勉強代を親に使うか子どもに使うかという判断を迫られた時に、子どもに使ってしまうと、子どもも楽しくないし、親も成長しません。

親が勉強していないので、収入も増えません。

子どもの教育費だけが比率的に上がってしまいます。

子どもに習わせたいことは、まず親が習って、親が子どもに教えるという形でいいのです。

私は、父親から教わることが一番楽しかったです。

親も、子どもに教えることで、もう一度勉強することができるのです。

40代を
楽しむ方法
15

## 子どもに習わせたいことを、
## 自分が習おう。

# 16 した結果得られることは、する前には、わからない。

私は41歳の時にレーシックをしました。

今、振り返ると、レーシックをした年にいろいろなことを始めています。

1つは、競技ボウリングを始めました。

もう1つは、ボールルームダンスを花岡浩司《はなおかこうじ》先生に習い始めました。

レーシックで視力矯正をしたことで、裸眼での視力がアップしました。

私の健康ライバルの坪田《つぼた》一男《かずお》先生はレーシックの権威です。

坪田先生と知り合ったのは、「病院のサービスをよくするために、中谷さん、研修に来てください」と頼まれたのがキッカケです。

それからの長いおつき合いで、健康のライバルになって、検診も一緒に受けています。

坪田先生がレーシックの権威であることは知っていたので、最初のうちは「レーシックを勧められたら怖いな」と思っていました。

まさか自分がレーシックをするとは考えもしませんでした。

ある時、坪田先生のところに行くと、「中谷さん、面白いビデオを見ますか」と誘われました。

「何ですか」と聞くと、「レーシックの手術を見ているんです」と言われました。

私は「お医者さんは、これだから趣味悪いよ。怖いよ」と思って、画面に焦点を合わさないで、「ああ、そうですか。凄いですね」と相づちを打っていました。

「大体わかったけど、自分で止めるわけにもいかないし」と思っていると、ビデオから先生と手術をしてもらう患者さんの楽しそうな会話が聞こえてきました。

「エー、これはなんだ。手術だって聞いたのに」と思って聞いていると、「素晴らしい眼圧ですよ」とか「ドンピシャですよ」と、手術をしているようなやりとりがまったく聞こえてこないので、画面をチラッと見ると、何か楽しげなのです。

その日、家に帰った私は、「先生、僕、レーシックやろうかな」と先生にメールをしました。

怖いものだと思っていたレーシックの手術がイメージと違ったからです。

すると、坪田先生から「やりますか？」という返信が来ました。

坪田先生がうまかったのは、私にムリヤリ勧めなかったことです。

ムリヤリ勧められたら逃げた可能性がありますが、うまく突き放してくれたのです。

私からのメールをキッカケに、坪田先生は「やりますよ。ちょっと一番先のスケジュールを見ましょう」と手術の話を進めてくれました。

私がレーシックの手術をしたことには、動機がないのです。

私は、それまでの日常生活ではコンタクトレンズを使っていました。

中学生の時から眼鏡をかけて、大学生の時にコンタクトになり、ずっとそのまま暮らしていました。

コンタクトレンズの期間が長いので、特に不具合は感じていませんでした。

ただ、朝早くからの撮影があると、「5時に起きて、目が乾いているところにコンタクトレンズを入れて集合場所に行くのは少しめんど臭いな。これがなかったら、もっとさっと起きてすぐ行けるのに」という不満くらいでした。

それでも、レーシックの手術をしてみると、不思議なことに動きたくなるのです。

裸眼でいろいろなものがよく見えるからです。

町の景色もまったく変わりました。

セミの足が見えたり、あんなところにこんなものがあったんだとわかったり、家の汚れているところも見つかりました。

その結果として、体を動かしたくなるのです。

これは、白内障の手術をした人によく起こる現象です。

白内障の手術をした人は、旅行に行きたくなるのです。

レーシックの手術をしたあと、私が競技ボウリングとボールルームダンスを始めたことは、事前にはわからなかったことです。

「レーシックをすると、どういうところがいいですか」と聞かれた時、眼鏡やコンタクトレンズとの経費的な比較は本当に意味のないことです。

1人1人のキャラクターが違うので、手術のあとに何を始めるかは事前にはわかりません。

ただ、「してみると、事前には予期しないことを始める」ということだけはわかりました。

カルテには動機の欄があります。

坪田先生に、「中谷さん、動機はなんて書きましょう」と聞かれた時に、

「無人島に漂流した時に保存液がないと困るから」

「もうちょっと何かないですか」

「地震が起こった時に保存液がないと困るから」

「わかりました。こっちで何か書いておきます」

と言われたくらい、現実的な動機は何もなかったのです。

**何かを「するかしないか」と迷った時は、それをしたらどうなるかわからないことをしてみることが大切なのです。**

40代を楽しむ方法16

## どうなるかわからないことをしよう。

# 17 「何のため？」と聞かれるようなことをする。

私は40代で競技ボウリングとボールルームダンスを始めました。

「中谷さんは、スポーツは何をしているんですか。やっぱりゴルフとかですか」と聞かれた時に、「ボウリングです」と答えると、「エッ、なぜゴルフじゃなくて、ボウリング？」という顔をされるのが楽しいのです。

プッと笑いながら、「ひょっとしてマイボールとか持っているんじゃないでしょうね」と言われて、「150個ぐらい買いましたけどね」と言うと、「エッ」とキョトンとされます。

競技で使うボールは消耗品なのです。

「ボールルームダンスをしています」と言った時も、「エッ、社交ダンス、『Shall We dance?』ですか。よくそんなこっ恥ずかしいことしてますね」というリアクションをされるのが楽しいです。

まわりから「なんでそんなことをやっているんですか」「何がキッカケでそんなことをしているんですか」と思われるようなことをするのは楽しみがあります。

「ゴルフです」と答えると、それ以上なんの質問もありません。

まわりから「何のために?」と聞かれるようなことを始める人のほうが、している人にしかわからない楽しみにめぐり合えます。

まわりが理解できないもの、珍しいことをしている時も、「何のために?」とは聞きません。

たいていの人が、すべてのことを「何かのためにする」という生き方を、ついしてしまうのです。

「あの人は○○のためにこれをしているんだな」という理由や目的が見えるものは、その人が人生を楽しんでいるように見えません。

それよりは、**「何が楽しくてあんなことをしているんですか」ということをしている人のほうが楽しいのです。**

そういう人は、ほかの人にも聞かないし、自分にも聞きません。

「何のために？」と聞かれるようなことをする人は、「これは通じないだろうな」ということもわかっています。

通じないことに対してもイラッとしません。

むしろ喜びを感じます。

「バカでしょう」「恥ずかしいでしょう」と思うことをするのが楽しいのです。

意味不明なことは、趣味を探せばたくさんあります。

私はカルチャーセンターで講義をしています。

カルチャーセンターに行くと、面白い習いごとがたくさんあります。

私が講義をする教室の隣の教室で能面彫りをしているのが楽しそうで仕方がありません。

能面彫りは、1年で1個できるかできないかというくらい時間がかかるそうです。

畳の上で能面を掘られているところを少しのぞくと、「初めての方ですか」と言われました。

隣で授業をする時に気になってしょうがないので、私もいつか始める可能性があります。

みんなから「凄いですね」と言われることをするほうが楽しいという思い込みは逆なのです。

40代を
楽しむ方法
17

## 「何のために?」と人に聞かない。

# 18 見えるものを、見えないものに置きかえていく。

30代までは、見えるものの世界で楽しめます。
40歳からの楽しみ方は、見えるものでは限界が来ます。
どれだけ見えないものに置きかえていけるかが勝負です。
美学を持つことが大切です。
**美学とは、見えないものです。**
もともとは18世紀に、美術ではなく、哲学の中の1ジャンルとして生まれました。
見えないものをどう味わうか、楽しむかが哲学であり、美学なのです。

40代になると、哲学を持つ必要があります。

美学は、見えるものだけでは、物質的な楽しみ方だけになります。

精神的な楽しみ方に切り替えるには、見えないものを味わえるようになることが大切です。

そうしないと、芸術は味わえません。

**芸術とは、見えないものを味わう世界です。**

お金や物質とは違う世界の見えないものの面白さがわかってくると、人生はもっと楽しくなります。

40代からは、見えるものを見えないものに交換する作業をしていけばいいのです。

40代を
楽しむ方法
18

## 見えないものに、交換しよう。

# 19

# 時間のかかることを、始める。

習いごとには、

① ３日で習えること

② 一生かかってもできないこと

の２通りがあります。

楽しいのは、一生かかってもできないくらい、時間のかかることをすることです。

**楽しみの大きさは、かかった時間と比例するのです。**

**すぐできることは、すぐ楽しいのですが、すぐ楽しくなくなります。**

できるまで時間のかかるものは、その分だけ楽しみの時間も長く持続します。

私はボールルームダンスを41歳で花岡浩司先生のもとで習い始めました。

私の父親は、戦後にダンスホールで自己流でダンスを踊っていた世代でした。

父親がダンスを踊っていると、子どももダンスをしやすい環境になります。

母親には、「ダンスは一生続けなさい」と言われました。

私自身、「そう言われなくても続けるだろうな」と思っていました。

ダンスは上手に踊れるようになるまで時間がかかるのです。

特に男性はむずかしくて時間がかかります。

そのため、男性はほぼ挫折します。

ダンス人口は、男性1に対して女性10です。

ご夫婦で来られた方は、大体ご主人が挫折します。

奥さんは続けます。

奥さんにボロクソに言われて、ご主人がめげてやめるパターンが多いのです。

奥さんは先生と踊っていると、自分がうまくなったような気分になれます。

ご主人と踊ると、「あなたと踊ると私がうまく踊れない」と文句を言います。

男性は女性の10倍くらい特訓しないと先生と同じレベルでリードできないので、挫折しやすいのです。

男性でダンスを続けられている方はよっぽど忍耐力がありますそれだけ男性には忍耐力がいるものだから、ダンスは楽しいのです。

40代を
楽しむ方法
19

## 時間のかかることを楽しもう。

# 20

# 定年や引退がないことをする。

習いごとによっては、すぐ上達することもあります。

ただ、どんなものでも、あるところから成長に時間がかかります。

簡単にできるものは、趣味としては成立していないものがほとんどです。

「あれは簡単そうだ」とパッと行って、習いごとをコロコロ変えていると、楽しみを感じるところまでたどり着けません。

**ダンスは、不器用な人ほど続きます。**

**できた時の喜びがあるからです。**

不器用で、なかなかできなかったことがやっとできて「わあ、できた。うれしい」という喜びがモチベーションになります。

小器用に簡単にできたり、要領がよすぎる人は、習いごとは続きません。できた時の喜びがないのです。

私は、花岡浩司先生に出会ってダンスを17年続けています。

海外の選手から、「中谷さんはなぜコンペに出ないの？」と聞かれた時は、「コンペは私のモチベーションじゃないんですよ」と答えます。

外国人はコンペがモチベーションです。

私は、もともと高校時代に空手を習っていました。

ダンスは、私にとっては武道のような世界で、バガボンドの己《おのれ》との戦いであり、己の極みへ行こうとしています。

究極は、空を飛ぶところまで行こうと思っています。

そのために画期的な改良を積み重ねて、日々精進しています。

こうなると武士道の説明になっていくので、外国人にはなかなか通じません。
「あなたにとってダンスはスポーツかもしれないけれども、僕にとっては武道なので」という説明は、だんだん英語がむずかしくなってくるのです。

40代からは、一生続けられるライフワークを持つことが大切です。
仕事は定年がありますが、趣味や勉強には定年も引退もありません。
定年や引退がないものを持てばいいのです。
「そういうものは時間がかかるから」と先へまわすのではありません。
時間がかかるものから先に始める必要があるのです。
もちろん、いくつになっても始めることはできます。
人生を楽しんでいる人は、時間がかかるものを何かしています。
90歳からピアノを習い始める人もいます。
しかも、オシャレなのは「バイエルからお願いします」と言うことです。

40代を
楽しむ方法
20

# 一生続けるものを持とう。

90歳で基本のバイエルから練習するのは凄いです。

90歳から語学を始める人も偉いです。

こういうことができる人は、人生を楽しんでいます。

それまでの人生でも長く続けている何かがあるのです。

習いごとに時間をかけたくない人は、「とりあえず何か1曲弾きたい」とか、ダンスでも「この曲を踊れるようになりたい」と言います。

何歳になってもピアノを基本のバイエルから習える人は、一生楽しめるものを持てるのです。

# 21

# 30代までは、稼ぐ時代。40代からは、使う時代。

40代から貯金を増やしているようでは、楽しめる大人にはなれません。

貯金が増えていいのは30代までです。

40代からは、貯金を減らしていって、死ぬ時にゼロになるのがベストの形です。

貯めてばかりいる人は、その人を通るお金の総量が小さくなって、一生の中でできることが少なくなります。

最終的に、貯金は子どもたちには行かずに、すべて国に寄附する形になるのです。

お金は、稼ぐよりも使うほうがむずかしいのです。

40代を
楽しむ方法
21

# 稼いだ以上に、使おう。

**お金の使い方は、勉強しないと見つかりません。**


使い方の見つからない人が、クルマと時計に走るのです。

お金を使うには体力と知力が求められます。

40代でお金の使い方の上手な人は、お金をかけなくても遊べるようになります。

お金は、使いながらだんだん使い方がわかってきます。

人生を楽しんでいる人は、お金をまったく使わないわけでも、使っているわけでもありません。

正しく使って、それでいて、そんなに減らないのです。

「わずかな金額で、こんなに楽しめて申しわけない」という気持ちになれるのです。

# 22

# 思いきった長期の休みをとる。

楽しみを見つけたり、今後の人生を考えるキッカケになるのは、長い休みです。

「思いきった長い休み」です。

通常とれるお盆休みや正月休みくらいではありません。

「そんなに休んだら席がなくなる」と心配するような休みをとってみることが、物事を考え直すキッカケになるのです。

体を壊して入院した人は、人生を見つめ直します。

入院中に、考え方が変わる瞬間があるのです。

この方法が使えるのは日本人だけです。

外国人は、年がら年中、長期休暇をとっているので逆にあまり効果がありません。

夏休みも1カ月休むのは当たり前のことです。

日本人は、今までとったことがないくらいの休みをとってみると、最初のうちは「ああ、休みか。うれしい」と思います。

次に、不安が生まれます。

「何をすればいいかわからない」「見つからない」という波を経ながら、人生を見つめ直します。

病気で入院した人は、それをキッカケに会社を辞めたり、新しいことを始めます。

日本の会社でも思いきった長期の休みをとれる仕組みにどんどん変わっています。

そのチャンスを生かせばいいのです。

休まないことは、勤勉であると同時に、惰性で何かをしてしまうことです。

休んでみて初めて、働くことの本当の価値を見出したり、仕事の意義やありがたみがわかります。

**休むことにビビらなくていいのです。**

部下からすると、「エッ、そんなに休むんですか」と言いながらも、長期の休みがとれる上司は魅力的です。

一番魅力のない上司は、休まない上司です。

管理部から、「厚労省からのお達しで、もう少し有給を消化しないとダメなんだよ」と言われても、一番休みをとらないのが40代という事態になったりします。

休んでいない上司が、部下に「おまえ、休め」と言うのはおかしいです。

休むことも、大切な仕事の1つなのです。

40代を
楽しむ方法
22

## 今までとったことがないくらいの休みをとろう。

# 23
# 病気自慢をしない。

40代になると、健康に対する考え方が変わってきます。
男性なら、42歳は厄年です。
今までなかった体の不調とか、今までのような頑張りがきかなくなるのです。
これは当たり前のことです。
人間の体は、そういうプログラムになっています。
女性は美容の問題があるので、健康に対する意識は比較的持ちやすいのです。
むずかしいのは男性です。

私はクリニックのアドバイスもしているので、「会社の健康診断で赤血球の写真を撮って、どれだけ赤血球が変形して、肥大して、くっついてドロドロの血になっているかを見せてあげるといいよ」と、アドバイスしました。

それが「オレのほうがドロドロだ」という自慢大会になってしまったのです。

そんなことをするために写真を撮ったのではありません。

体がボロボロなのは、単なる不摂生です。

その人の生産性や付加価値とは、まったく関係ありません。

それなのに、どれだけ体をボロボロにして働いているかの競争になって、睡眠不足自慢や病気自慢が始まるのです。

**1人でいいから健康のライバルをつくることです。**

私の健康のライバルは、慶應義塾大学の眼科教授の坪田一男先生です。

どちらかというと、私が坪田先生にライバルに引き込まれたのです。

坪田先生とごはんを食べていた時に、坪田先生が「さあ、中谷さん、血糖値の勝負をしよう」と言い出しました。

「痛くないですか」

「いや、痛くない場所があるから」

と言って、血糖値測定器でプチッとはかりました。

「先生はお肉食べていないでしょう。僕、お肉食べちゃったもん」と言うと、「いや、僕はワイン飲んでいるよ」と言うのです。

坪田先生は私より４歳上の私と同じ受験世代で、負けず嫌いです。

受験世代は競争が大好きです。

40代になると、勉強の競争ではなく、健康の競争が始まります。

負けず嫌いの人のほうが、いいライバルになります。

坪田先生は、血糖値で負けると、「1分待ってて」と言って走ってきます。

走ると血糖値が下がります。

それで、もう1回はかります。

それを勝つまでするのです。

アイバンク啓発チャリティーマラソンの「ラン・フォー・ビジョン」という、一般人だけでなく目の不自由な人とお医者さんとドナーの人が一緒に走るマラソンがあります。

坪田先生は、陸上のコーチをつけて、とうとうフルマラソンに出るまでになりました。

こういうライバルがいることは励みになります。

自分1人では、なかなか頑張れません。

ライバルに引っ張られることで、頑張ることができるのです。

40代を
楽しむ方法
23

## 健康のライバルを持とう。

# 24
# ギリギリいっぱいの体力は、危ない。

40代は体力が一気に落ちていきます。

ここで体力を鍛えているかどうかが大きいのです。

それは精神的な集中力と持続力にもかかわってきます。

体力とは、脳が前向きなアイデアを生み出すことができる体の状態です。

これが「健康」ということです。

前向きなアイデアが浮かばないと、ウツっぽくなったり、ネガティブな発想しか浮かばなくなります。

行ったお店が臨時休業だった時に、イラッとしないで「じゃあ、あそこに行こう」と言えるのは、すぐに次のアイデアが浮かぶからです。

体力が落ちていると、次のアイデアが浮かばないので、「なんで休んでるの。臨時休業なんかするなよ」と、SNSに悪口を書いてしまうのです。

それを口に出す前に次のポジティブなアイデアがポンと出てくるのは、脳の力ではなく、体力です。

ジムに行くのは、筋トレするためではありません。

**体を動かす習慣をつけるためです。**

体力のない人は、体を動かす習慣がありません。

そういう人は、ラクに痩せる器械を買ってみたり、食事を減らしてみたりします。

単純に、日々の運動量の多い人は体力がつき、少ない人は体力がつかないのです。

日常の中で、階段を上れるか上れないかがポイントです。

「たかだか階段」と思いがちですが、階段は個人差が大きいのです。

40代を
楽しむ方法
24

# 階段を上ろう。

**階段を凄くしんどく感じる人と、なんとも感じない人とにわかれます。**

駅のエスカレーターの行列に必死に並ぶよりも、階段のほうが圧倒的に早いです。

今はビルが高層化していて、エレベーターが来るのに時間がかかります。

「階段を上るのがめんど臭い」→「エレベーターを待つ」→「なかなか来なくてイラッとする」→「階段で行くというアイデアが浮かばない」という負のスパイラルに入るのです。

会社では、節電のためにできるだけ階段を使うようにと言われます。

これは体が老化しない、ひいては脳が老化しないためのいいチャンスです。

体力の差は、階段を使うか使わないかの差なのです。

# 25 インナーを鍛えることで、体力の低下は、取り返せる。

歳をとると、筋力はどんどん低下します。

入院していると、1週間で足が一気に細くなります。

宇宙飛行士が担がれて宇宙船から降りてくるのと同じ状態です。

運動していないと、筋力は持続しないのです。

筋力は、使うことで維持され、さらに強くなります。

筋力を使わないでいると、筋肉は「いらないんだな」と判断して、人間の体はどんどん細くなっていくのです。

この時に救いになるのがインナーマッスルのトレーニングです。

いわゆるコアのトレーニングをしておくことです。

私は競技ボウリングをしていて、毎年2回ぐらい腰を痛めていました。

それは必ず調子のいい時に起こるのです。

調子がいいと思いきって投げるので、いつも以上に体に負荷がかかります。

調子が悪い時にケガは起こりません。

慎重になるからです。

私は、これをなんとかしようと思い、コアトレーニングを始めました。

その時、「子どものころ、コアトレーニングをしていたら、私はもっとスポーツ万能選手になっていたのに」と気づきました。

すべてのスポーツに共通して使えるような、アウターの筋肉に頼らない体の使い方ができるからです。

コアトレーニングは、40代から始めて、いまだに続けています。

ケガをキッカケに、アウターの筋肉に頼らないで体をうまく使う方法に目覚めることができたのはよかったです。

**スポーツ選手でも、ケガをキッカケにレベルアップする人がいます。**

40代にちょうどいいのは、アウター至上主義からインナーにスイッチを切り替えていくことです。

室伏選手はアウター筋力のピークを過ぎたあと、どんどんインナーの筋肉を使う方法に切り替えていきました。

インナーを鍛えることは、スポーツをする・しないにかかわらず、個人の日常生活でも役に立つのです。

40代を
楽しむ方法
25

## アウターより、インナーを鍛えよう。

# 第3章

# 40代は名刺交換のないつき合いをする。

# 26

# 名刺交換のないつき合いをする。

**40代になると、名刺なしのつき合い方が苦手になります。**

30代までずっと、人に会うと名刺を出すという習慣があるからです。

「こういう者でございます」と、名刺だけ見ながらやりとりして、「じゃ、今後ともひとつもよろしく」と言って、お互いに顔を一度も見ないで終わることもよくあります。

そういう人がマンションの理事会に来ると、横柄なのです。

マンションの理事会は、名刺のやりとりがない世界です。

それまで名刺のコミュニケーションばかりをしてきた人は、名刺を出さないコミュニケーションに慣れていません。

習いごとに来ても、まわりの人たちに名刺を配って、「今、授業中なんだけどな」と、邪魔になる人がいます。

ふだんから名刺のない場所に行けばいいのです。

**名刺なしで、相手の名前も聞かず、自分も名乗らないで、コミュニケーションがとれることが大切です。**

会社のコミュニケーションに慣れている人たちは、まず名刺を出します。

名刺を出すことを止めると、今度は、「歳はいくつ?」と聞きます。

年齢で相手と自分の関係性を把握しようとするのです。

自分より年上なら丁寧語で、年下なら、上から目線の言葉で話します。

「学校はどこ?」「会社はどこ?」「どんな仕事をしてるの?」と聞いて、お互いに上下の位置関係を決めないとコミュニケーションがとれないのです。


女性は、高層マンションの上の階に住んでいる人が威張ります。

たしかにマンションは上の階のほうが値段は高いです。

それで、上のほうと下のほうの階とで上下関係が生まれてしまうのです。

上下関係がないとコミュニケーションがとれない人が多いのです。

たしかに、上下関係が最初に決まると、コミュニケーションに悩まなくてすみます。


本当のコミュニケーションは、年齢が上なのか下なのか、仕事は何をしているのか、会社は何なのかわからない状態のフラットな関係で成り立つものです。

このコミュニケーションをできる人が、人生を楽しめる人です。

「あの人と1年つき合っているけど、仕事も聞いたことがないし、年齢もわからないね」という関係をどれだけ保てるかです。

出会って1年ぐらいして、

「名刺とかあるんですか」

「名刺ありますよ」

「名刺あるんですね。仕事してるんですね」

というやりとりで、あとから相手の仕事がわかるような関係が理想的なコミュニティなのです。

40代を
楽しむ方法
26

## 名刺交換のない場所に行こう。

# 27
# 仕事関係の人でも、仕事以外のつき合いはできる。

40代で、「人とのつき合いをしたいんですけど、仕事ばかりで忙しいんです」と悩む人がいます。

忙しくても大丈夫です。

仕事関係の人と仕事以外のつき合いをすればいいのです。

これが苦手な人が多いのです。

「仕事は仕事、遊びは遊び」とわけてしまうからです。

「仕事関係の人と、仕事とは関係なしに遊びでもつき合えるようにしよう」とアドバイスすると、「それはしています」と言う人がいます。

次の仕事に繋げるために仕事関係の人と遊ぶのは「接待」です。

人生を楽しめる人は、仕事関係の人と仕事とはまったく関係のないつき合い方ができます。

**完全に遊びだけの人、完全に仕事だけの人というつき合い方と、もう1つ、仕事関係の人と遊びでつき合うことができるのです。**

遊び方は、ただの娯楽に限らず、勉強でも趣味でもいいのです。

そういうつき合い方の中にこそ、人生を楽しむチャンスがあるのです。

40代を
楽しむ方法
27

## 仕事関係の人と、遊びのつき合いをしよう。

# 28 勉強することで、仲間ができる。

30代までの人間関係は、血縁・地縁・職縁です。

最初は家族とか親戚とかの血縁、次が地域の地縁、その次が職場の職縁です。

これでそのまま終わると、定年になって職縁が切れた瞬間に、突然ひとりぼっちになってしまいます。

会社のまわりをウロウロ歩いて、「会社を辞めたのに、なんでウロウロしているんですか」と言われるのです。

40代でなかなか家に帰らない人は、仕事があるからではありません。

帰ってもつき合ってくれる相手がいないからです。

子どもたちはそれぞれ独立して、奥さんは奥さんで自分のネットワークを持っています。

自分の血縁・地縁・職縁のネットワークとコミュニティがなくなった時は、勉強する場で仲間をつくればいいのです。

これが「知縁」のネットワークです。

趣味の世界には勉強が伴います。

趣味を持っていることで、その人のネットワークが生まれます。

血縁・地縁・職縁でとどまったら、その人は孤立化していきます。

そこから新しいコミュニティを生み出すためには、勉強が大切です。

勉強することによって、仲間が生まれるのです。

**ただし、仲間をつくるために勉強に来る人には仲間はできません。**

それはセールスと同じです。

たまに女性が多いという理由で、結婚相手を探すためにダンスを習いに来る男性がいます。

その人は最初からギラギラしているので、その場で浮いてしまいます。

それよりは、好きな趣味に打ち込んだほうがいいのです。

打ち込んでいる者同士は、相通ずるものがあります。

それで友達になっていくのが「知縁」なのです。

40代を
楽しむ方法
28

## 知縁をつくろう。

# 29
# 会社と家庭以外の所属集団を持つ。

40代になると、第1の大きな所属集団は会社です。
男性の場合はほとんどが該当します。
第２の所属集団は、家族です。
この２つの所属集団だけでは息苦しくなります。
**第3の所属集団を持っていると、一気にストレスが和らぎます。**
**趣味や勉強の集団を持っておくということです。**
遊びではありません。

キャバクラや飲み屋では、結局は第2の会社にすぎません。

趣味を持つことは、ホモ・ルーデンスとしての特権です。

会社や家庭は、生産性と繋がっているものです。

「そんなことをして何になるの？」と言われるような、生産性とはまったく関係のないことができる楽しみ方をすればいいのです。

タモリさんの石に対しての興味はオシャレです。

石に関しては、興味のない人はまったく興味がないところで終わってしまいます。

先に所属集団を探すより、何かに興味を持つことによって、第3のコミュニティを獲得すると、そこにはなんのしがらみもありません。

出入り自由で、やめてもいいし、来ても来なくてもいいという、何も気を使うことがない1つの集団を持つことが、その人の精神的な健康に極めて役立ちます。

そこでは、上下関係もノルマもありません。

ただ勉強して新しいことを学ぶという面白さがあるだけです。

40代を
楽しむ方法
29

# 第3の所属集団を持とう。

中谷塾はまったくそういう体をなしています。
塾で楽しそうにしている生徒と私は、お互いに年齢も仕事もあまり聞きません。
男性でも、「ナゾだよね。あの人は大金持ちなのかな。世界中旅行してるし」と、
みんながその人の仕事を知らないという人が一番楽しそうです。
旅行に行っている場所も脈略がなくて意味不明なのです。
モンゴルに行ったかと思えば、ナミビアに行っていたりします。
普通の人は行かないパターンです。
「インドでおなかを壊した」と話していたのに、「またその店に行く」と言います。
生産性とまったく繋がらないものが、本当に楽しいことなのです。

# 30
# 配達の人から、年賀状を買う。

年賀状を書く人が減ってきています。

郵便局の人も困っています。

ほとんどの人は、ネットや郵便局の窓口で年賀状を買います。

40代をもっと楽しめる人は、自分のところへ配達に来る郵便局の人から買います。

担当エリアが決まっているので、自分のところへはいつも同じ人が配達に来ます。

年賀状にもノルマがあります。

いつも来てくれる人から年賀状を買うと、その人の成績になって喜ばれるのです。

郵便局の配達の人は、1枚でも頼まれたらうれしいと言っていました。

「そんなに書かないので、数枚しかないいんです」と言う人がいますが、それでもうれしいのです。

たしかにネットで頼んだほうがラクチンです。

そんな中で、いかにひと手間かけて人間と繋がっていくかです。

機械を選ぶか、人間を選ぶかの選択です。

かつて大阪の駅で切符の回数券をバラで売っているおばあちゃんがいました。

回数券は、11枚つづりで10枚分の料金です。

みんなは、そのおばあちゃんから1枚ずつ定価で切符を買っていました。

1枚分は、おばあちゃんの収入になります。

別に駅が損しているわけではありません。

「怪しい」とか「使えなかったらどうしよう」とか、そんなこともないのです。

駅の窓口で売っていても、わざわざおばあちゃんから買うことが人間との繋がり方です。

**繋がることで、結果、自分も繋がりの輪の中に入れてもらえるのです。**

40代以降は、放っておくと、どんどんネットワークが狭まって、人との繋がりがなくなっていきます。

最終的には、会社を辞めたら、誰もその人のことを知らないということが起こります。

会社で繋がっていた人は、会社の看板で繋がっていただけです。

独立するにしても、定年になるにしても、人とコツコツ繋がっていた人と、そうでない人とでは、その後の人生がまったく違ってくるのです。

40代を楽しむ方法 30

## 配達の人と、友達になろう。

# 31 救急隊員に感じよくできる人が、器が大きい。

40代になると、自分だけでなく、家族や親が救急車のお世話になることも出てきます。

「まさか自分が救急車に電話をかけるとは思ってもいなかった」ということが、実際に起こるのです。

救急車を呼ぶ時も、感じのいい人とそうでない人とにわかれます。

救急隊員の人に「どういう人が感じがいいですか」と聞くと、「『早くなんとかしてください』と、せっつかない人です」と言っていました。

家族が倒れているのですから、せっつく気持ちはわかります。

救急隊員の人は、受け入れてくれる救急病院を一生懸命探しています。

最寄りの病院に、誰もがすぐに行けるわけではありません。

受け入れ先が決まってからでないと、発車できないのです。

決まらないうちに走り出すと、断られたら別のところを探しまわることになるからです。

救急隊員で一番むずかしいのは、患者の状態を見て、受け入れてくれる病院を探す作業です。

それはいまだに人の力に頼っています。

その時に、「なんですぐに出ないんだ」と、怒る人がいるのです。

仕事においては、自分もそういう状況になることがあります。

それがいざお客様になった時に、突然、横柄になるのです。

40代で最も魅力がなくなるのは、横柄な人です。

横柄な人は、オヤジ・オバサンになります。

感じのいい人は、大人になります。

**横柄になるかどうかのわかれ目が、プロに対するリスペクトです。**

救急隊員の人は一生懸命してくれています。

自分がプロなら、それがわかります。

プロフェッショナル精神のあまりない人が「すぐ出せ」と言うのです。

**自分の仕事だけがむずかしくて、ほかの仕事はむずかしくないと思い込んでいると、リスペクトがなくなります。**

すべての仕事にプロフェッショナルな人がいるということは、なかなか気づけません。

自分の仕事のむずかしさはわかっても、ほかの仕事のむずかしさはわからないからです。

そういう人が脱サラして独立すると、失敗します。

「ラーメン屋なんて原価は微々たるものだ」とか「喫茶店なんて原価知れている」と言う人は、その仕事のむずかしさがわかっていません。

サラリーマンには社長的な目線がないので、原価しか見ないのです。

間接経費が見えているのが経営者の感覚です。

「自営業はラクでいいいな」という気持ちで始めると、すべての仕事でしくじります。

まわりの人の「○○さんが喫茶店を始めたら、毎日通いますよ」という言葉にのせられて、安易に始めて失敗するのです。

40代を楽しむ方法
31

## 救急隊員に感じよくなろう。

# 32 ＡＥＤを使って、命を救う。ヤジ馬を、抜け出す。

町にはＡＥＤがたくさんあります。
道で倒れても、ＡＥＤで助かる人は多いのです。
一度はＡＥＤを使って命を救うドラマにかかわりたいものです。
まずは、倒れている人のところに行って、自分でＡＥＤを使えるかどうかです。
ＡＥＤの操作は、講習を受けていないと怖いのです。
ＡＥＤの講習は3時間くらいで受けられます。
これを受けておくだけで、まったく違います。

私がAEDの講習を受けた時に、インストラクターの先生は、たったひと言、「ヤジ馬を抜け出してください」と言いました。

これは深い言葉です。

人が倒れていると、ヤジ馬がたくさん来ます。

ヤジ馬は、「誰か助けてやれよ」「オレはAEDを教わっていないから知らないよ」と、口々に言っています。

**文句を言う側にまわると、ヤジ馬になります。**

たとえAEDはできなくても、「何かできることはないですか」と、ヤジ馬の輪の中からみずから出ていく人は、文句を言わないのです。

40代を楽しむ方法32

# AEDの講習を、受けておこう。

# 33 道を聞かれやすい人になる。

人との出会いが生まれると、楽しくなります。

**人との出会いとは、道を聞かれることです。**

今は多くの外国人が日本に来るので、道を聞かれる確率は上がっています。

道を聞く側も、誰に聞くかを選んでいます。

**しょっちゅう道を聞かれる人と、一度も道を聞かれたことのない人に、くっきりわかれるのです。**

道を聞かれた人は、その後の顔が半笑いです。

特に、外国人に道を聞かれたあとは、そうなっています。
つたない英語で返して、あとになって、「信号ってなんて言うんだっけ。そうだ。シグナルだよ。なんであの時出てこなったんだろう」と、思い出してニヤニヤ笑っているのです。

道を聞く人は、感じのよさそうな人に聞きます。
ブスッとしている人には聞きません。
道をあまり聞かれない人は、ブスッとしているのです。
道を聞かれやすい人は、神様に愛される人です。
それだけ楽しいことに出会う機会が増えているのです。
「誰か私に道を聞いてくれませんか」と言っても、誰も聞いてくれません。
道を聞かれるのは、自分が完全に油断している時です。
別のことをしていて、道を聞かれるために立っている状況ではありません。
挙動不審の人、明らかにオドオドしている人、キョロキョロしている人は、地元の人でないことがわかります。

そういう人には道を聞きません。

道を聞かれる人は、穏やかで、ゆったりしている人です。

**アウェーではなく、ホームの状態にいる人です。**

その人が旅行者かどうかは、道を聞く側はわかりません。

判断の基準は、その人に余裕があるかないかです。

会社の真ん前なのに道を聞かれないとしたら、よっぽどブスッとしているか、オドオドしているかのどちらかなのです。

道に迷っている人を見つけたら、出会いのチャンスなのです。

40代を
楽しむ方法
33

## 迷っている人に声をかけよう。

# 34

# 善玉をしていた二枚目は、悪玉を演じて評価が上がる。

40代になったら、役割が大切です。
みんなから好かれることを求めすぎないほうがいいのです。
映画の中には善玉と悪玉がいます。
善玉が善人、悪玉が悪人ではありません。
そういう役があるというだけです。
組織の中には嫌われ役が必要です。
それがリーダーです。

リーダーがみんなに好かれることを求め始めると、船を沈めてしまいます。

みんなにガマンを求めて、自分はデメリットを引き受けられる人が、みんなを助けられるのです。

リーダー研修で「みんなから好かれる求心力のあるリーダーになりたい」と言っている時点で、その人は会社をつぶします。

嫌われないようにするには、みんなの給料を上げればいいだけです。

結果、会社はつぶれます。

「売上が3分の2になったから、お互いに痛みをわけ合って、給料を下げてここを乗り切ろう。売上がよくなったら、また給料を上げるから」と言える人は、みんなから嫌われますが、会社はつぶしません。

会社をつぶしたら、給料はゼロになって、元も子もないのです。

誰かが嫌われ役を引き受けなければならないとしたら、それが40代です。

部下からの他者承認を求めようとすると、チーム全体を壊します。

その人は、悪玉ではなく、最も悪人になるのです。

映画界でも、今まで善玉をしてきた役者が40代で悪玉をすることで味が出てきます。

善玉に名優はいません。

善玉が善であるためには、脇をかためる悪玉の演技力が必要です。

中井貴一さんのお父さんの佐田啓二《さだけいじ》さんは、若いころに主演男優賞をとりました。

その時の挨拶で、「これから頑張って助演男優賞をいただけるように精進したいと思います」と言いました。


**主演男優賞は、主役を立てることで、まわりがとらせてくれます。**

**助演男優賞は、自分の力でとっていくものなのです。**

40代を
楽しむ方法
34

## 嫌われ役をしよう。

# 35
# 叱ってくれる人を持つ。

40代になると叱る側になるので、叱ってくれる人がだんだんいなくなります。

「○○さん」とか長つきの役職名で呼ばれて、ちやほやされるのです。

40代でコンプライアンスから外れるのは、叱ってくれる人がいないからです。

親がいたら親、先生がいたら先生、師匠がいたら師匠が叱ってくれます。

そういう人を持たない人の最後のとりでが、唯一、幼なじみです。

バリバリ頑張っている人ほど、あるところでコンプライアンスを踏みはずしてしまいます。

それは、頑張りすぎて、偉くなって、叱ってくれる人を持たなくなってしまったことが原因です。

叱ってくれる人は、叱られるような場にみずから行かなければ、向こうからはあらわれません。

本当にちゃんと叱ってくれる人は、おせっかいや教え魔で叱っているわけではありません。

「叱ってください」とお願いしないと、叱ってくれないのです。

30代までは、間違ったことをした時に叱ってくれる上司がいました。

それに甘えて「いつか叱られないようになりたいな」と思っていると、「叱られる」イコール「ネガティブなこと」ととらえて、叱られないようにどうするかを考え始めます。

**叱られることは、フィードバックをもらうことです。**

**それによって人生の軌道修正ができるのです。**

40代を
楽しむ方法
35

## みずから叱られる場に行こう。

ビジネススクールでも、叱るとムッとする人がいます。
「先生は厳しい。もっとほめて」と言うのです。
「ここは学校なんだけどな」と、言いたくなります。
他者承認が欲しいなら、ＳＮＳとかに行けばいいのです。
ビジネススクールは、自分が成長するための場所です。
成長する時は叱られることが必要です。
「私はほめて伸びるタイプの人間です」と言う人は、「ここ違うよ」と言っただけで、
「なんで認めてくれないんだ」と、反発します。
この人は、せっかく叱ってもらえるチャンスをなくしてしまうのです。

# 36 叱ることは、かつて叱ってくれた人への恩返しだ。

**叱ってくれる人は嫌われる覚悟で叱っています。**

叱ることは疲れるし、エネルギーの消耗も激しいのです。

ほめるほうが、よっぽどラクです。

ビジネススクールで幼稚園的に優しくしてていいなら、こんなラクなことはありません。

相手を叱る人は、自分自身も叱ります。

叱られるのが嫌いな人は、叱りません。

叱ることに対してネガティブなイメージがあるからです。

「叱っている」のではなく、「教えている」のです。

叱るのは、かつて自分を叱ってくれた人への恩返しです。

ここで大切なのは、仕返しで叱らないことです。

運動部でよく起こりがちな、上級生にさんざんしごかれた仕返しとして後輩をしごくというのは、間違った叱り方です。

教えてもらったことへの恩返しは、上には返せません。

「次の世代に教えを譲っていく」という意味で、叱る側にまわるのです。

「どうやって叱ればいいいんですか」と聞く人がいます。

叱られることを体験していない人は、叱り方がわからないのです。

叱られることに免疫がないので、「叱ったら辞めるんじゃないか」と、ドキドキして叱れなくなります。

かつてたくさん叱ってもらった人は、どういうふうに叱ると相手にスッと受け入れられるかがわかっています。

叱られないように、叱らないようにするのはラクな生き方ですが、ある意味、無責任です。

上の先輩から教わったことを自分の代でリレーを終わらせてしまうからです。

叱らない人に、魅力的な人はいないのです。

好かれようと思って優しくする人には、誰もついていきません。

「あの人についていきたい」というリスペクトを持たれる人は、きちんと叱ってくれる人です。

そういう人は、自分も叱ってくれた誰かを持っているのです。

40代を楽しむ方法36

## 叱る人になろう。

# 37 誰もが言わないことを言うことで、友達になれる。

ネット社会では、生身《なまみ》の人間とつき合うことが減ってきています。

うっかりしたことを言うと、相手に遠慮されたり、逆に悪口を言われたりします。

それを恐れるあまり、相手に対して思ったことをなかなか直球で言えなくて、「まあそれはそれでいいんじゃない？」と言ってしまうのです。

40代では、叱ってくれる人と同様に、言いづらいことをちゃんと言ってくれる友達を持つことが大切です。

自分自身も、そういうことを言えるようにしたほうがいいのです。

盲目のスーダン人のモハメド・オマル・アブディンさんが、鍼灸師になるために日本にやって来ました。

日本に来た理由は、「鍼《はり》という最も危険な行為を、日本では目の不自由な人にさせている。日本はなんて凄い国なんだ」ということです。

モハメドさんはスーダンで法学部まで出ている秀才です。

モハメドさんについた理学療法士の先生は、最初に会った時に「モハメド君、靴のひもが結べてないよ」と言いました。

普通は、目の不自由な人にそんなことは言えません。

その先生は「まず家へ帰って、靴のひもを結ぶ練習や。君な、これ15年前に覚えとかなあかんかった。取り返そう」と言ったのです。

モハメドさんは感動して、「この先生についていこう」と思いました。

3時間後に、生まれて初めて自分で靴のひもを結んでみました。

3日間特訓して、自分で結べるようになったのです。

たいていの人は、ここで靴のひもを結んであげます。

これは距離を置いた関係です。

見て見ぬフリです。

そういうことをしていると、人と繋がることができないのです。


40代以降は、自分だけで幸せになることはできません。

幸せは、人とかかわっていく中にあるものです。

自分に幸せがあるとか、相手に幸せがあるのではありません。

**自分と相手との間に幸せがあるのです。**

相手との距離感を詰めることを恐れていたら、「楽しい」「ワクワクする」「ドキドキする」という感覚は手に入りません。

**嫌われないように、誤解されないように相手と距離をあけていると、上っつらなつき合いになります。**

上っつらなつき合いをしていると、ちょっとした言葉のかけ違いで炎上が起こりやすくなります。

生身でボーンとぶつかっていると、炎上は起こらないものなのです。

40代を楽しむ方法
37

**みんなが遠慮して言わないことを、言おう。**

# 第4章

## 40代は一見、逆走に見えることがスタートだ。

# 38

# 一見、逆走に見えることが、スタートだ。

今は人生80年の時代です。

40歳は折り返し点です。

**「折り返す」とは、今までのやり方とまったく違うやり方をすることです。**

**40歳を境に、若返る人と一気に歳をとる人との2通りにわかれます。**

いつまでも若々しい人は、男性にも女性にもいます。

老ける人は、崖を落ちていくように、一気に老けていきます。

同窓会に行くと、その差が一目瞭然です。

40代を
楽しむ方法
38

# 今までと、真逆のことをしよう。

「こんな先生いたかな」と思われる同級生と、昔とまったく変わらない、むしろ昔より若返っている同級生の２通りにわかれるのです。

40代で、生き方の方向性をきちんと折り返したかどうかの差です。

反転には覚悟がいります。

**人間は、らせん状に成長します。**

**ある瞬間に反転することで、上に上がっていきます。**

それは、まわりからは逆走したように見えます。

今までと真逆なこと、今までしなかったことをすることが40代のスタートです。

それをできる人が若返っていくのです。

# 39 日常にルールをつくることで、別世界になる。

40代になると、日常生活のルーティンが身に付いてきます。

何も考えないで生きていても、それほど不具合を感じないのです。

茶道は、厳しい決まりごとをつくっています。

茶道に限らず、「道」と名前がついている芸事は、すべて決まりごとがあります。

日常の中に決まりごとをつくって、日常を別世界に仕立て上げてステージアップしていくのが「芸道」の世界です。

現状において不具合はなくても、そこからもっとステージアップして、もっと楽しむために、自分なりの新しいルールをつくるのです。

**ストイックになればなるほど、人生は楽しくなります。**

楽しむには、

① 緩くして楽しむ

② 厳しくして楽しむ

という2通りの方法があります。

緩くして楽しむ楽しみ方は、持続期間が短くなります。

**厳しくして楽しむ楽しみ方は、持続期間が長くなります。**

もっと厳しくして、もっと楽しむことができるのです。

緩くして楽しむと、すぐ楽しくなくなります。

さらに緩くすると、一瞬は楽しくても、また楽しくなくなります。

持続性のない楽しみ方になるのです。

40代を
楽しむ方法
39

# 日常に、ルールをつくろう。

ルールをつくるためには、芸事を習いに行くのも1つの方法です。

もう1つは、日常生活の中で自分なりのルールをつくることです。

40代は、社会のルールは身に付いています。

**今度は、社会のルールよりももっとハードルの高い自分なりのルールをつくるのです。**

社会ではOKでも自分ではアウトというルールを、自分でつくっていくことが大切なのです。

# 40
# 自分のルールを、破る。

自分のルールをつくっても、そのルールの中に閉じこもっていると、成長はありません。

ルールをつくったら、そのルールの外に飛び出していきます。

これが優等生にはなかなかむずかしいところです。

今までエリートコースをたどってきた人ほどルールを破ることに抵抗感があります。

そういう人は、今まで以上の自分に生まれ変わることができなくなります。

生まれ変わるためには、今までと真逆のことをしてみます。

さらには、自分がレベルアップするために、今まで「してはいけない」と思っていたことをしてみるのです。

もちろん、道徳に反することや犯罪は論外です。

ほとんどの人が、道徳に反することでも犯罪でもないのに、「決めたことは変えられない」という形で、できないことがたくさんあるのです。

まじめに一生懸命鍛えられてきた人であればあるほど、「してはいけないこと」をすることに対して罪悪感を持ちます。

**それをあえてすることで、今までしてきたことの本質が見えてきます。**

それをもっと深く理解できるようになるのです。

初心者のうちは、ルールをつくることによって、それを学べます。

ひとたび基礎ができ上がり、さらに上の段階に上がるためには、ルール上してはいけないことをしてみます。

そうすれば、別の新しいやり方、新しい見方に気づいて、今までのルールの意味がよりわかってくるのです。

これが「試行錯誤」です。

たとえば、トーストを焼く時間が２分50秒だとすると、今まではそれをきちんと守っていました。

それを３分10秒焼いてみるとどうなるか、実際に試してみるのです。

そうすれば、「意外にいける」ということがわかります。

さらに、３分20秒では焦げてしまうこともわかります。

正解だけ守っていてはわからないことが、たくさんあるのです。

40代を楽しむ方法
40

## ルールをつくって、ルールを破ろう。

# 41 失敗のドットを打つことで、正解が見つかる。

30代までは、マニュアルを覚えていく時代です。

40代は、自分がマニュアルをつくる側になります。

マニュアル自体が悪いのではありません。

誰かがつくったマニュアルを、失敗なしにそのまま継承していると、その人はそこで止まります。

**大切なのは、新しいマニュアルをつくることです。**

失敗のドットをたくさん打つことによって、正解の道が見つかります。

マニュアルをつくった人と、マニュアルをそのまま覚える人との差は、失敗の数の差です。

本を書く時に、自分の好きな著者の文体をマネしても、何か違います。
削ったところは消えているので、その著者がどこを削ったかわからないからです。
本当にその文体をマネしたいなら、削ったところまで考えてマネしないとダメです。
でき上がったところだけでは学べないのです。

40代を
楽しむ方法
41

## 新しいマニュアルをつくろう。

# 42
# 間違えることで、可能性が広がる。

40代になると、間違いと失敗がだんだん少なくなっていきます。
20代は、多くの失敗をします。
30代になっても、まだ失敗が生まれます。
40代になると、一気に失敗が減るのです。
失敗が減ることは、いいことではありません。
それだけその人の可能性が減ることになるからです。
失敗が減る理由は、

①　慣れる
②　新しいことにチャレンジしなくなる

という２つです。

**失敗する確率が高いことが見えてしまうと、チャレンジしなくなります。**

ある意味、「打率が上がって、ヒット数が減る」という事態が起こるのです。

打率主義になると、成功率を上げて失敗率を下げるために、ひたすら打席に立つ数を減らしていきます。

ここで打率をとるのか、ヒット数をとるのかでわかれます。

ヒット数をとるならば、打率が下がる覚悟が必要なのです。

40代を
楽しむ方法
42

## 失敗も、しよう。

# 43 フォーム改造することで、さらに高いところに上がっていく。

野球選手は今までのやり方を続けても、そこそこの打率は確保できます。
フォーム改造すると、いったん打率が下がります。
すべてのスポーツ選手のスランプは、フォーム改造が原因です。
「スランプ」と「頭打ち」とは違います。
頭打ちは、フォーム改造していません。
**今のフォームでは、今出ている結果が限界です。**
フォーム改造すると、バランスが崩れて、いったん成績が下がります。

そこから、ある一定期間を過ぎると、前よりさらに上に上がるのです。

まわりから「奇跡の復活」と言われます。

実際は、そのためにしていたことなので、予定通りです。

スポーツ選手だけではなく、ビジネスマンも同じです。

すべての人が自分の生き方のフォームを持っているのです。

40代でフォーム改造しないと、これ以上には上がれません。

上に上がれないのは、ポストが足りないからではなくて、その人がフォーム改造していないからです。

フォーム改造しないのは、いったん打率が下がることに対する覚悟がないからです。

成績が下がると、世間からはいろいろ言われます。

特に今はＳＮＳの時代です。

40代で「あの人は昔かなりやり手だったのに、最近はさすがに歳をとったね」と言われると、余計ビビってしまうのです。

他者承認を気にしていたら、フォーム改造はできません。

**スポーツ選手がフォーム改造できるのは、他者承認をまったくなんとも感じていないからです。**

これがスポーツ選手の凄さです。

スポーツをしている人が伸びるか伸びないかは、フォーム改造をビビるかビビらないかの違いです。

それは、スポーツ選手に限らず、すべての人に言えることなのです。

40代を楽しむ方法 43

## フォーム改造しよう。

# 44 「いつもの」を抜け出す。

40代で不安がなくなるのは、新しいことに出会わなくなるということです。

過去にしたことがあるものは、大体類推でできるからです。

**オヤジの一番の喜びは、顔パスや「いつもの」で通じることです。**

いつもの店に行って、いつもの席に案内され、「じゃ、いつもの」と言った時に「ハイ」と言われることを人生の成功として目指しています。

これは、人生の成功ではなく、終わりです。

そういう人は、新しいスタッフが入って「『いつもの』って何でしたっけ」と言われた時に「店長呼べ」という話になるのです。

ゴルフ場でも、来た時に「○○様」と言われるのが当たり前になっていた人が、「すみません、お名前は?」と聞かれることがあります。

新人君が入るので、顔パスが効かないのは仕方がないことです。

その時に、「オレはどれだけ高い会員権を買っているんだ」と、激怒りクレームになってしまうのです。

ゴルフよりも、顔パスで通じることを確認しに来ているようなところがあるわけです。

私が研修しているホテルについても、知り合いの人から「中谷君、あそこのホテルはダメだよ。僕は毎月行ってるんだよ。『いつもご利用ありがとうございます』と言うのに、必ずカードを見てからしか名前を言わないよ」と言われることがあります。

大切なことは、「いつもの」をいかに抜け出すかです。

## 「いつもの」ではないものを頼み、「いつもの」ではない店に行けばいいのです。

いつもの店に行っても、いつもとは違う席に座ります。

日常生活はだんだん反復していくので、毎日、電車に座る席もみんな同じになります。

そこに誰か新参者がいると、「そこはあの人の席なんだけどな」と、ザワザワします。

銭湯やバーでも「そこはあの人の座る席だけど」という習慣がありました。

「いつもの」をしていると、少しでも何か変化があった時に弱くなります。

メンタル的に崩れる人は、「いつもの」をしているということです。

会議室でも、座席順は大体決まっています。

飲み屋に行っても同じ位置関係のままです。

位置関係はまったく変わらないので、「場所を変えよう」と言って別の店に行っても違いがよくわかりません。

いつもの飲み屋に新人君と一緒に行くと、いつも部長が座っている席へポッと座ることがあります。

すると、「君、そこはダメでしょう」と注意されます。

名前が書いてあるわけでもないのに、「そこはダメ」と言われても意味がわかりません。

「いつもの」を繰り返しているとアイデアも出ません。

そこには「いつもの」を破壊することが必要なのです。

40代を
楽しむ方法
44

## 「いつもの」じゃないものを頼もう。

# 45 落ちつかない環境を生み出す。

私は新入社員の時に、「おまえ、ここに座れ」と言われて、師匠の藤井達朗《ふじいたつろう》の席に座らされました。

師匠の席はパーテーションで仕切られています。

みんなが師匠の席を目指しているのですが、師匠は「イヤや、こんな犬小屋みたいなの。ここへ座ってやれ」と指示したのです。

普通は、自分の席にほかの人が座るのはイヤなものです。

今から考えると、それは師匠にとっては刺激だったのです。

今までと席を変えるだけで、環境はガラッと変わります。

落ちつく環境にいるのではなく、いかに落ちつかない空気を生み出すかが大切なのです。

劇団四季もキャストを入れ替えています。

1つの役に慣れすぎて緊張感がなくならないようにするためです。

慣れると、ダレたり、芝居がどんどんまかれていくのです。

ダンドリでし始めるので、目をつぶっていてもできてしまう状態になります。

常にあとのセリフは頭の中に入っていますが、初めてのようにセリフを言わなければならないのが演劇です。

そのために、わざとキャストを入れ替えます。

すると、ミュージカルなので、日によってはミスギリギリのことも起こります。

そういう日は、緊張感があって面白いです。

**ヒヤッという感じを持たないと、マンネリ化します。**

脳細胞は、ワンパターンにハマっていくと楽しくなくなります。

**ヒヤッとする緊張を味わうことが楽しさを生み出します。**

ＡＩになると、クルマの運転は娯楽になります。

運転しなくてもいいのに、「運転したい」と考えるのです。

すでにオートマ車が出た時に、運転が好きな人は「オートマ車はイヤだ」と言っていました。

ＡＩ車が出て、うしろ向きに乗っていてもいいとなると、今度は、クルマを運転する喜びが復活する可能性があります。

便利なものを追求する一方で、運転する不便さを再び味わいたくなるのです。

40代を
楽しむ方法
45

# 緊張感を味わおう。

# 46

## みんなが降りていく場に、残ることで生き残れる。

40代になると、

「この仕事にはあまり先がない」

「あまりおいしさがない」

「成長が見込めない」

「これは衰退産業だ」

と、いろいろな人たちが降りていくようになります。

この時、みんなが降り始めたら残るというのが戦略です。

みんなが降りると、最後に残った人の勝ちだからです。

「降り遅れたらいけない。もっとおいしいところに行こう」と思って、降りていく人がほとんどです。

その結果、最後に残った1人の総取りになります。

私が会社を辞める時に相談した3人は、タイプがまったく違います。

1人目に相談したのは、私が博報堂でずっと一緒に仕事をしていた、リクルートフロムエーの元取締役の道下裕史《みちしたひろし》さんです。

「僕、辞めようと思うんですけど」と言うと、「いいんじゃないですか。僕は中谷さんとつき合っているわけで、博報堂の中谷さんとつき合っているわけじゃないですから。これからもいろいろ一緒にやっていきましょう」と言われました。

これはうれしいアドバイスです。

2人目に相談したのは、私が本を書いていたリクルート出版の藤原和博《ふじはらかずひろ》さんです。

藤原さんからは「5年ガマンしたら」と止められました。

普通、辞める時は誰も止めないのに、「5年待ったら状況が変わるから辞めないほうがいい」と言ってくれたのです。

3人目に相談したのは、リクルートの宣伝部の次長だった東正任《ひがしまさとう》さんです。

東さんからは翌日の明け方、ポエムが留守番電話に入っていました。

自分が何かを相談した時に、両極端の意見を言ってくれる先輩がいるのは、ありがたいことです。

40代は、おいしい転職先をみんなが探しまわる年齢です。

**転職することもいいのですが、その中で降りないことが1つの作戦になります。**

そういう生き方をしている人も、自分の知り合いに持っておくことが大切なのです。

40代を
楽しむ方法
46

**考え方の違う人に、相談しよう。**

# 47 自分のことを知られていない場所に行く。

「いつもの」や顔パスで通れるところだけを生きていると、その人の成長はそこで止まってしまいます。

たしかに、顔パスの効くところは居心地がいいです。

ただ、顔パスで世界中は渡れません。

**顔パスで行けるところは、世界のごくごく狭い点にすぎないからです。**

そこで満足すると、その人間は終わりです。

勝負は、自分のことを知らない外国で自分の力がどれくらいあるかです。

外国は名刺社会ではないので、名刺はまったく役に立ちません。

日本ではどんなに大企業であっても、外国人は知りません。

それよりは、その人の立ち居ふるまいで判断します。


たとえば、レストランに行きました。

「予約はしていないんですけど」と言うと、「ちょっと待っていてください」と言われました。

自分がどこの席に案内されるかは、レセプショニストがどう見たかです。

並び方の順番も外国はよくできていて、列で待たせません。

ウェイティングバーがあるのです。

ウェイティングバーで待たせるので、実は案内している順番はバラバラです。

「この人はちゃんとした人だ」という大切なお客様を先に案内します。

レセプショニストのお眼鏡にかなわなかった人は、どんどんうしろにまわされます。

それが世界のルールですから、しょうがありません。
その時に、名刺ではない自分自身の総合力が診断されます。
これはＴＯＥＩＣよりもっと明確な点数がつきます。
その順番で扱われて、席も決まっています。
私はホテルやレストランの研修をしています。
外国に行くと、「この人はホテル、レストラン関係者だ」と見抜かれて対応されます。

**ふだんから顔パスではなく、立ち居ふるまいで勝負することが大切なのです。**

40代を
楽しむ方法
47

## 名刺なしで、勝負しよう。

# 48 他流試合に臨む。

病院では先生に名刺を出しません。

それでも、病院の先生は、「この患者さんの仕事は〇〇だな」と、最初に見抜くのです。

タクシーの場合も、運転手さんのうしろに乗って、顔を合わせません。

さらには名刺を出したり、名乗ることもありません。

タクシーの運転手さんは、東京に何万人もいます。

その中でも、「前に乗っていただきました」と言う人に出会えるかどうかです。

ふだんからタクシーに乗る人は、何台かは複数回乗っているのです。

タクシーに乗る場所はいつも大体同じだからです。

その乗り場には大体同じテリトリーのタクシーが来ています。

同じタクシーに何回か乗っている可能性があるのに、「前に乗っていただきました」と言われないのは、覚えてもらっていないということです。

インパクトの強さの違いは、お客様が楽しそうにしているかどうかです。

乗る側も「タクシーの当たりハズレがある」と思っていますが、運転手さんも、「あそこで手を挙げている人を本当は乗せたくないな」という気持ちがあります。

反対に、「この人、乗せたいな」と思うこともあります。

タクシーの運転手さんにどう判断されるかは、その人の立ち居ふるまいで決まります。

自分のことを知らない場所に行った時に、どう扱われるかというのも同じです。

40代は、心地いい場所、コンフォートゾーンだけで生きようと思えば生きられます。

それで終わるのか、あえてその1段上に行くかの違いです。

昔のボクシングは、連続何回防衛という勝負の仕方でした。

今のボクシングは、どんどん高い級を狙います。

階級をどれだけ変えてタイトルを取れるかで勝負するのです。

**40代の生き方も同じです。**

**階級を変えて違う戦いをするという新たなチャレンジをします。**

一から始められる喜びを味わえるかどうかが、人生を楽しめるかどうかのわかれ目になるのです。

40代を
楽しむ方法
48

## 階級を変えて戦おう。

# 第5章

# 40代の仕事の楽しみは、効率の悪いほうにある。

# 49 楽しみは、頼まれていないことから、生まれる。

30代までは、頼まれごとからどう逃げるかを考えます。

40代になると、逃げ方がうまくなっています。

そのため、あらゆることからつい逃げてしまいます。

逆なのです。

「これ、頼まれてもいないんだけど」と、ついしてしまうことから楽しみは生まれます。

頼まれていないことを自分から引き受ければいいのです。

道を聞かれない時は、キョロキョロしている人をつかまえます。

ある営業マンは、いつも会社にクルマで行っていました。

その人はブラジル生まれで英語ができるので、外国人を見つけては「May I help you?」とナンパしていました。

道でキョロキョロしている人はたくさんいます。

その人に「どちらかお探しですか」と、こちらから聞けばいいわけです。


写真を撮っている人もたくさんいます。

その人には「撮りましょうか」と話しかければいいのです。

ディズニーランドに行くと、必ず「撮りましょうか」と言うのが関西人です。

それをキッカケにして、「そのかわり撮ってください」と言います。

自分から「撮ってください」とは言いません。

関西人は「撮りましょうか。じゃ、そのかわり撮ってください」と言うことで、相手とのかかわりを生みます。

そう言われた東京の人が「スタッフの人かな」と思うと、ただのお客様なのです。

頼まれごとは、「頼まれたことから逃げる」↓「頼まれたことだけをする」↓「頼まれてもいないことをする」という3段階にわかれます。

**「頼まれてもいないことをする」から楽しいことが生まれます。**

**これを「運」というのです。**

「運」と「楽しいこと」とは同じなのです。

40代を
楽しむ方法
49

**頼まれていないことを、**
**引き受けよう。**

# 50 楽しみは、アドバイスから生まれる。

アイデアを生み出すのは楽しいことです。

「中谷さん、そのアイデアはどうやって出すんですか」と聞かれた時は、「いろいろな人から相談ごとがあるから、それに対して、この人にはなんてアドバイスしたらいいかなと真剣に考えるんだよ」と答えます。

そうすると、凄くいいことを思いつくわけです。

**アドバイスされている人間よりも、アドバイスしている人間が「なるほど、うまいこと言うな」と自分で感動するのです。**

私が「そういうことってあるでしょう」と言うと、「そういうこと、ありますね。

でも、忘れちゃうんですよ」「何かいいことを言ったのに、『何言ったっけ？』と覚えていないんです」と言う人がいます。

そこが私と違うところです。

私は、自分が言ったことは必ずメモしておきます。

**アドバイスを求めて、相談に来る人は神様です。**

**その相談に答える時にアイデアが浮かぶのです。**

**これをメモしておけばいいのです。**

神様は相談するフリをして来てくれたのです。

相談者が、アイデアを刺激してくれます。

私は相談者に対して「めんど臭いな」と思わないで真剣に答えます。

実際は、めんど臭い質問もたくさんあります。

「これ、なんて説明したらいいんだろう」というめんど臭い質問ほど、いいアイデアが浮かぶのです。


あるお笑いの人が、私にくだらない質問をしました。

私は、まったくくだらないと思わずに、いつも通り答えました。

すると、横で聞いていた落語家の人に、「しかし、中谷さんは、こんなくだらない質問によくそこまで真剣にアドバイスできますね」と言われました。

その時は、「あれ、僕はいつも通りにしているけどな」と不思議に思いました。

質問されたことに対して真剣にアドバイスしてあげたいというのは、私の職業病です。


そこでアイデアが浮かぶので、ネタがなくなりません。

アイデアが浮かぶことが楽しいのです。

「楽しい」は、抽象的な発想です。

「ワクワク」とは、アイデアです。

アイデアは、誰かが刺激を与えてくれて、それに対して真剣に向かった時に噴き出します。

せっかく出てきても、とっておかないと消えてしまいます。

そのアイデアをメモするかどうかが、楽しめるかどうかの違いになるのです。

40代を楽しむ方法 50

## アドバイスしたことを、メモしよう。

# 51 楽しみは、クレームから来る。

感謝の手紙は、「うれしい。ありがとうございました」で終わりです。

楽しみがもっと出てくるのは、クレームです。

クレームが来て、「このクレームに対してどうしようか」と考えることが楽しいのです。

クレームは、文句ではありません。

クレームは、「こういうことで困っている」という相談と同じです。

クレームを言う人は、怒っている人ではなく、困っている人なのです。

「それを一緒に解決してくれないか」と言っているのがクレームです。

クレームを言われて、「怒っている人が来ました」と言わないことです。

「何か困っている人がいるから助けてあげよう」と考える人は、クレームを恐れません。


**クレームは「あなた、こうしたほうがいいと思うよ」というご意見なのです。**


ご意見をもらうと「何かクレームを言われた」と言う人がいます。

「あなた、こんなことをしていると店がつぶれるよ」「あなた、そんなことをしていると、会社をクビになるよ」という意見が、全部クレームに聞こえるのです。

これはアドバイスです。

アイデアを与えてくれているのです。

アイデアは楽しむチャンスなので、それを全部「クレーム」という言葉にひっくるめないことです。

クレームと思われているものは、実際は、ほとんどが困っている相談ごとと、「こうしたほうがいい」というアドバイスです。

世の中にクレームはありません。

そう考えれば、クレームから逃げる必要はないのです。

40代を
楽しむ方法
51

## クレームを、恐れない。

# 52

# 楽しみは、効率の悪いほうにある。

40代になると、「これをしたらめんど臭い」「こっちのほうが効率がいい」と一瞬で見抜けます。

30代で効率の悪いほうを選ぶのは、それが見抜けないからです。

40代は、効率の悪いほうはまず選びません。

効率のいいほうはどちらか見抜けても、効率の悪いほうを選ぶのが楽しいということです。

効率の悪いほうを選ぶと、めんど臭くて、評価も得られません。

その結果として、楽しくて、人生を変える何かになっていくのです。

社内での評価も得られない、社会的にも評価を得られない、給料も上がらない、出世にも関係ないようなことに、楽しみがあります。


私は会社にいる時、ラジオのＣＭが好きでつくっていました。

ラジオのＣＭは、まず儲けになりません。

手間がかかる上に、評価もされません。

それでも、これが私に一番のクリエイティブな楽しみを教えてくれました。

誰も手を出さないので、私が１人でできます。

そのおかげで、１人のやりがいが生まれるのです。

おいしい仕事は、みんなが制作に加わります。

１００人ぐらい集まってつくるので、自分がかかわっているかどうかわからなくなります。

自分の叩いている太鼓の音が聞こえないという状態です。

**効率が悪くて、みんなが手を出さないで断ったり、外注に出すような仕事をして楽しんでいました。**

振り返ると、あれが私の中では、水中から外に出して息をするストローと同じだったのです。

40代を楽しむ方法52

## 効率のいいほうを、選ばない。

# 53

# 臨機応変とは、神様を信じることだ。

臨機応変ができる人とできない人がいます。
40代で最も苦手なことは、変更です。
変更には、
①　いい変更
②　悪い変更
の2通りがあります。
たとえいい変更でも、変更がイヤなのです。

旅行に行った時に一番好きなのは行程表です。

常に行程表を確認します。

「何分押している」「何分まいている」「このダンドリでいけば予定通り行ける」と、行程表を見て判断するのが、40代で旅行する時のやり方です。

変更は、「臨機応変」ともいいます。

臨機応変のために大切なことは、神様を信じることです。

「変えても、きっとうまくいく」という気持ちを持つのです。

そうすれば、「変えてもメチャクチャなことにならない」「何かに守ってもらえている」という安心感があるので、臨機応変に変更できます。

**根っこのところで神様を信じていない人は、「変えたら、きっと損をするに違いない」と考えます。**

そのため、国の政策でも何かを「変える」と言うと、「反対」と言うのです。

「ここに新しく公園をつくります」と言うと、「公園建設、反対」と言う人がいます。

その後、「じゃ、中止にしました」と言うと、今度は「中止反対」と言います。

「いったいどっちなんだ」と言いたくなります。

とにかく変更がイヤなのです。

これはお役所と同じです。

お役所は、決まるまでムチャクチャ時間がかかります。

いったん決まったものは、今度は廃止にはなりません。

それが個人の中で起こるのが40代です。

頭の中がお役所化して、「変更をすると、とにかく何か損する気がする。イヤだ」となるのです。

「部屋をアップグレードできます」と言われても、「最初の部屋で、予定通りでお願いします」と言います。

「ホテルがオーバーブッキングなので、ワンランク上のホテルにかえます」と言われても、「いや、ここでいいから。ここにしてくれ」と言います。

飛行機の中で、「新婚のカップルの方が並びで席がとれなかったので、すみませんが、お客様、アップグレードをさせていただきますので、ちょっとかわっていただけませんか」と言われても、「結構です。ここは私の席だから」と言います。

理屈抜きで、変更がイヤなのです。

こういう場合は、むしろアップグレードがなくても、「あ、いいですよ」と席をかわってあげるのが親切です。

変更がイヤな人は、根が生えてしまうのです。

その場に根づくということです。

**根が生えると、そこには楽しみはないし、「運」も転がってこないのです。**

40代を
楽しむ方法
53

## 変更しよう。

# 54
# 部下の成長が、上司の成長だ。

40代になると、自分の成長は自分1人の成長ではありません。

**部下込みの合計の成長が、自分の成長です。**

たとえば、部下が今までできなかったことができるようになれば、それは自分の成長です。

自分が売上を伸ばさなくても、部下が売上を伸ばします。

それはすべて、自分の成長と同じです。

40代になっても、まだ部下と競争している上司もいます。

部下が売上を伸ばして自分が伸ばしていないと、面白くありません。

つい「調子に乗るな」と言ってしまいがちです。


サラリーマン時代、私の上司は当時40代でした。

私がプレゼンを通してきた時に、上司はみんなの前でほめてくれました。

ほめてくれたことは、もちろんうれしかったです。

それ以上に、上司がそれを本当に喜んでくれている感がひしひしと伝わりました。

部下の成長は、上司の成長です。

自分が成長することよりも、部下が成長することを喜びと感じることができるかどうかです。

部下が楽しい体験をしたら、それは自分の楽しい体験と同じです。

これが「共有する」ということです。

「所有する」という発想では、部下が成功すると自分の評価は相対的に下がります。

麻雀の取り合いのように、ゼロサムゲームになるのです。

誰かの成長は、みんなの成長、そういうふうに考えられるようになると、人生はもっと楽しくなります。

自分の成長も、もちろん大切です。

それ以上に、部下を成長させるほうがポテンシャルは大きいのです。

部下が１人でも10人でも、それぞれの成長が全体の成長です。

全体の成長が自分自身の喜びになっていくのです。

40代を
楽しむ方法
54

## 部下の成長を、楽しもう。

# 55 親の老いとつき合う。

40代になると、親が大体70代になってきます。

親の老いとつき合っていく必要があります。

寝たきりにならなくても、「以前はあんなに元気だったのに、だんだん出不精になってきた」ということが起こります。

具合が悪くなったり、いろいろな病気が見つかることもあります。

体よりも何よりも頭が固くなるのです。

認知症まではいかないにしても、頭が固くなってわがままになります。

この時、「いろいろしてあげようと思っているのに、親が頑固になってきて困る。昔はもう少し柔軟だったんだけど」となるのは当たり前です。

高齢になった親は、子どもです。

親を親と思わなければいいのです。

もちろん親に対するリスペクトは必要です。

自分が親の立場になって子どもと接するつもりで、頑固な親と接していくというつき合い方が親の老いとつき合う方法です。

**頑固な親を「憎たらしい」と思うのではなく、「かわいらしい」と思う感覚で受け止めていくことが求められるのです。**

40代を
楽しむ方法
55

## 親を子どものように愛そう。

# 56 知り合いが病気になったら、お見舞よりも、自分も何かで頑張る。

40代になると、知り合いがどんどん病気になっていきます。

40代の仲間で、まだ若いのに病気や手術、入院という事態が起こると、「さあ、自分はどうしたらいいか」と考えます。

お見舞に1回行くと、その後、毎日毎日お見舞に行くわけにもいきません。

お世話になっている人や友達が病気と闘って頑張っている時は、「よし、○○さんの分まで、自分も何かを頑張ろう」と考えればいいのです。

そうすると、「資格を取る」「フルマラソンに出る」という目標を何か立てます。

知り合いが病気と闘っているように、自分も何か目標を持って戦うことで、「頑張ること」を共有できます。

これが最大のお見舞になるのです。

通常なら、そんなしんどいことは続きません。

「あの人だって頑張っているんだ」と思うことで、試験を受けたり、フルマラソンに出ることができてしまうのです。

**自分のほうが元気をもらっているということです。**

そのためには、お見舞に行くことがすべてではありません。

なんでもいいから、一緒に頑張る何かを見つけることが大切なのです。

40代を
楽しむ方法
56

## お見舞でなく、トライしよう。

# 57 笑っていないと、表情筋が衰える。

**「大人」と「オヤジ・オバサン」の違いは、笑っているかどうかの違いです。**

男性のほうが早く老化が始まります。

オバサンはまだ笑っていますが、オヤジはなかなか笑わないのです。

講演で話していてきついのは、40代以上の男性の聞き手がニコリともしないことです。

「笑ってはいけない」と思っているのです。

笑わない人は、常に笑ってはいけない場所にいます。

それが突然、ムリに笑います。

接待ゴルフのつくり笑いのようで、ヘンなのです。

笑いをつくる表情筋は、30以上の筋肉で成り立っています。

ダンベルは、ふだんからトレーニングしていないと上がりません。

それと同じで、ふだんから笑っていないと、筋肉が衰えて笑えなくなるのです。

筋肉で笑えない人は、皮でムリヤリ笑います。

眉毛で思いきり引っ張っている状態なので、ムリがあります。

ムリに引っ張ると、ストンと落ちます。

これが「引きつったような笑顔」です。

気の毒なことに、40代以上の男性は、ふだんからあまり笑ってはいけない状況にいます。

**「笑ったら負け」という思い込みもあります。**

外からと内からの両方の理由で、笑いの反復回数が少なくなるのです。

笑顔筋は、体の筋肉より先に老化します。

笑顔がなくなると、無表情になります。

怒った顔にも筋肉がいります。

笑顔と怒った顔のどちらの筋肉もなくなって、能面のようになっていきます。

筋肉が重力で下がって、そのままどんよりした不機嫌な顔になるのです。

脳科学の世界では、「面白いから笑うのではなく、笑っているから脳が面白いと感じる」といわれます。

順番が逆です。

表情筋が衰えると、脳は「面白くないんだな」と判断するのです。

40代を楽しむ方法 57

## 表情豊かな人になろう。

# 58 ニコニコしていると、楽しいことがやってくる。

ニコニコしていると、結局楽しいことがやってきます。
「私はニコニコしています」と言う人がいます。
それはうまくいっている時です。
大切なのは、うまくいっていない時にニコニコできることです。
40代は、これからまたいろいろなことが起こります。
楽しいことだけではなく、つらいことも起こるわけです。
つらいことが起こった時でもニコニコできるかどうかが、その人がこの後の人生をどれだけ楽しめるかということに繋がります。

面白いこと、楽しいこと、いいことがあるとニコニコできて、つらいことがあるとニコニコできない人は、子どもなのです。

**大人は、つらいことがあった時でもニコニコできます。**

そこでムリに大笑いする必要はありませんが、かすかに微笑んでいるという状態ができるのです。

これを「ユーモア」といいます。

ユーモアは、面白いことを言うことではありません。

ユーモアは液体です。

体の中にユーモアという液体が流れているのが大人です。

オヤジギャグを言う人が、「オレはユーモアがある」と言うのは間違いです。

それはただのオヤジギャグにすぎません。

大人は、つらい出来事を笑って乗り越えられるのです。

私は、萩本欽一さんの、

「母ちゃん、今日も日の丸弁当か」

「場所、変えてあるでしょう」

「そういえば、場所、変わってるね」

というコントが大好きです。

豪華なお弁当ではなくても何か工夫してくれていることに愛とユーモアを感じるのです。

何かつらいことがあった人には、直接的な励ましの言葉を言う必要はありません。

そこはユーモアに置きかえて、別な話をしてあげればいいのです。

40代を
楽しむ方法
58

## うまくいかなかった時、ニコニコしていよう。

あとがき

# 59 歳をとることの楽しさを、年下に教える。

かつて、私が小林悟さんに「歳をとると楽しいぞ」と言われたように、自分が年上になった時は、今度は年下の人間に憧れられるように楽しむ必要があります。

単に「おまえたち、ちゃんと年上をリスペクトしろ」と言われても、リスペクトはできません。

年下がリスペクトするのは、「楽しそうだな」と思える人に対してです。

私は中谷塾で生徒に授業している時に、「先生の授業は楽しいけど、先生が一番楽しんでるよね」と言われます。

それが私の理想なのです。

先生が楽しんでいるから、生徒も勉強しようと思うわけです。

私は、加藤一二三さんの解説が凄く好きです。

解説している対局の盤面とは関係なしに、加藤さん自身が楽しんだり、苦しんでいるからです。

自分の読みで、序盤から終盤に行っています。

女流棋士がそばで抑えようとしても、止まらないのです。

「あ、指しましたね」と言っても、そんなことはどうだっていいという感じで、「ちょっと待ってください。ウーン」と、自分がうなっています。

楽しそうにしている人を見ると、自分より年下の人間は、「ああいう人になりたい」と思って頑張るし、人も集まります。

人が集まってくれれば、また楽しいと思えるようになります。

年上に「あんな人になりたい」と思う人を持ち、自分も楽しむことによって、年下からおせじでなく「あんな人になりたい」と思われることを目指せばいいのです。

一番迷惑なのは「おまえは若いころのオレに似ているから、オレのように早く育ててやる」と言う人です。

**それよりは、楽しんでいる人のほうが憧れの存在になるのです。**

楽しんでいる人は、それなりのめんど臭さを抱え込んでいます。

**めんど臭さを抱え込んでいるにもかかわらず、楽しんでいる人がいると、「あんな人になりたいな」と思われます。**

「なんか、あの人、運がよくて、めんど臭いことはあまりなくて、楽しいことだけしているよね」と思う人は、あまり楽しそうに見えません。

「あの人、なんでこんな悲惨な事態なのに、あれだけ半笑いで生きていけるんだろう」「よくあの人はあれで生きていけているよな。あれで生きていけるんだから、まあなんとかなるか」と思われるくらい、つらい状況でもニコニコしていられる状態でいることです。

ハッピーな状況をつくってニコニコしているのではないのです。

「もうにっちもさっちもいかないところなんだけど、なんとかなる」と笑っている人が40代を楽しめるのです。

40代を楽しむ方法59

## 年下よりも、楽しもう。

【秀和システム】
『なぜ あの人はいつも若いのか。』
『楽しく食べる人は、一流になる。』
『一流の人は、○○しない。』
『ホテルで朝食を食べる人は、うまくいく。』
『なぜいい女は「大人の男」とつきあうのか。』
『服を変えると、人生が変わる。』

【日本実業出版社】
『出会いに恵まれる女性がしている63のこと』
『凛とした女性がしている63のこと』
『一流の人が言わない50のこと』
『一流の男　一流の風格』

【主婦の友社】
『あの人はなぜ恋人と長続きするのか』
『あの人はなぜ恋人とめぐりあえるのか』
『輝く女性に贈る 中谷彰宏の運がよくなる言葉』
『輝く女性に贈る　中谷彰宏の魔法の言葉』

【水王舎】
『「人脈」を「お金」にかえる勉強』
『「学び」を「お金」にかえる勉強』

【毎日新聞出版】
『あなたのまわりに「いいこと」が起きる70の言葉』
『なぜあの人は心が折れないのか』

【大和出版】
『「しつこい女」になろう。』
『「ずうずうしい女」になろう。』
『「欲張りな女」になろう。』
『一流の準備力』

「好かれる人が無意識にしている言葉の選び方』(すばる舎)
『好かれる人が無意識にしている気の使い方』(すばる舎)
『昨日より強い自分を引き出す61の方法』(海竜社)
『一流のストレス』(海竜社)
『成功する人は、教わり方が違う。』(河出書房新社)
『一歩踏み出す5つの考え方』(ベストセラーズ)
『一流の人のさりげない気づかい』(ベストセラーズ)
『名前を聞く前に、キスをしよう。』(ミライカナイブックス)
『ほめた自分がハッピーになる「止まらなくなる、ほめ力」』(パブラボ)
『「ひと言」力。』(パブラボ)
『なぜかモテる人がしている42のこと』(イースト・プレス　文庫ぎんが堂)
『人は誰でも講師になれる』(日本経済新聞出版社)
『会社で自由に生きる法』(日本経済新聞出版社)
『全力で、1ミリ進もう。』(文芸社文庫)
『「気がきくね」と言われる人のシンプルな法則』(総合法令出版)
『なぜあの人は強いのか』(講談社+α文庫)
『3分で幸せになる「小さな魔法」』(マキノ出版)
『大人になってからもう一度受けたい コミュニケーションの授業』(アクセス・パブリッシング)
『運とチャンスは「アウェイ」にある』(ファーストプレス)
『大人の教科書』(きこ書房)
『モテるオヤジの作法2』(ぜんにち出版)
『かわいげのある女』(ぜんにち出版)
『壁に当たるのは気モチイイ　人生もエッチも』(サンクチュアリ出版)
『ハートフルセックス』【新書】(KKロングセラーズ)
書画集『会う人みんな神さま』(DHC)
ポストカード『会う人みんな神さま』(DHC)

<面接の達人>
【ダイヤモンド社】
『面接の達人　バイブル版』

## 中谷彰宏　主な作品一覧

**【PHP研究所】**
『なぜあの人は、しなやかで強いのか』
『メンタルが強くなる60のルーティン』
『なぜランチタイムに本を読む人は、成功するのか。』
『中学時代にガンバれる40の言葉』
『中学時代がハッピーになる30のこと』
『14歳からの人生哲学』
『受験生すぐにできる50のこと』
『高校受験すぐにできる40のこと』
『ほんのささいなことに、恋の幸せがある。』
『高校時代にしておく50のこと』
『中学時代にしておく50のこと』

**【PHP文庫】**
『もう一度会いたくなる人の話し方』
『お金持ちは、お札の向きがそろっている。』
『たった3分で愛される人になる』
『自分で考える人が成功する』
『大学時代しなければならない50のこと』

**【だいわ文庫】**
『美人は、片づけから。』
『いい女の話し方』
『「つらいな」と思ったとき読む本』
『27歳からのいい女養成講座』
『なぜか「HAPPY」な女性の習慣』
『なぜか「美人」に見える女性の習慣』
『いい女の教科書』
『いい女恋愛塾』
『やさしいだけの男と、別れよう。』
『「女を楽しませる」ことが男の最高の仕事。』
『いい女練習帳』
『男は女で修行する。』

**【学研プラス】**
『美人力』（ハンディ版）
『嫌いな自分は、捨てなくていい。』

**【阪急コミュニケーションズ】**
『いい男をつかまえる恋愛会話力』
『サクセス＆ハッピーになる50の方法』

**【あさ出版】**
『孤独が人生を豊かにする』
『「いつまでもクヨクヨしたくない」とき読む本』
『「イライラしてるな」と思ったとき読む本』

**【きずな出版】**
『イライラしない人の63の習慣』
『悩まない人の63の習慣』
『いい女は「涙を背に流し、微笑みを抱く男」とつきあう。』
『ファーストクラスに乗る人の自己投資』
『いい女は「紳士」とつきあう。』
『ファーストクラスに乗る人の発想』
『いい女は「言いなりになりたい男」とつきあう。』
『ファーストクラスに乗る人の人間関係』
『いい女は「変身させてくれる男」とつきあう。』
『ファーストクラスに乗る人の人脈』
『ファーストクラスに乗る人のお金2』
『ファーストクラスに乗る人の仕事』
『ファーストクラスに乗る人の教育』
『ファーストクラスに乗る人の勉強』
『ファーストクラスに乗る人のお金』
『ファーストクラスに乗る人のノート』
『ギリギリセーーフ』

**【ぱる出版】**
『品のある稼ぎ方・使い方』
『察する人、間の悪い人。』
『選ばれる人、選ばれない人。』
『一流のウソは、人を幸せにする。』
『セクシーな男、男前な女。』
『運のある人、運のない人』
『器の大きい人、器の小さい人』
『品のある人、品のない人』

**【リベラル社】**
『チャンスをつかむ 超会話術』
『自分を変える 超時間術』
『一流の話し方』
『一流のお金の生み出し方』
『一流の思考の作り方』
『一流の時間の使い方』

『改革王になろう』
『サービス王になろう2』
『サービス刑事』

**【あさ出版】**
『気まずくならない雑談力』
『人を動かす伝え方』
『なぜあの人は会話がつづくのか』

**【学研プラス】**
『頑張らない人は、うまくいく。』
文庫『見た目を磨く人は、うまくいく。』
『セクシーな人は、うまくいく。』
文庫『片づけられる人は、うまくいく。』
『なぜ あの人は2時間早く帰れるのか』
『チャンスをつかむプレゼン塾』
文庫『怒らない人は、うまくいく。』
『迷わない人は、うまくいく。』
文庫『すぐやる人は、うまくいく。』
『シンプルな人は、うまくいく。』
『見た目を磨く人は、うまくいく。』
『決断できる人は、うまくいく。』
『会話力のある人は、うまくいく。』
『片づけられる人は、うまくいく。』
『怒らない人は、うまくいく。』
『ブレない人は、うまくいく。』
『かわいがられる人は、うまくいく。』
『すぐやる人は、うまくいく。』

**【リベラル社】**
『問題解決のコツ』
『リーダーの技術』

『歩くスピードを上げると、頭の回転は速くなる。』(大和出版)
『結果を出す人の話し方』(水王舎)
『一流のナンバー2』(毎日新聞出版)
『なぜ、あの人は「本番」に強いのか』(ぱる出版)
『「お金持ち」の時間術』(二見レインボー文庫)
『仕事は、最高に楽しい。』(第三文明社)
『「反射力」早く失敗してうまくいく人の習慣』(日本経済新聞出版社)
『伝説のホストに学ぶ82の成功法則』(総合法令出版)
『リーダーの条件』(ぜんにち出版)
『転職先はわたしの会社』(サンクチュアリ出版)
『あと「ひとこと」の英会話』(DHC)
『あと「ひとこと」の英会話』(DHC)
『あと「ひとこと」の英会話』(DHC)
『状況は、自分が思うほど悪くない。』(リンデン舎)
『速いミスは、許される。』(リンデン舎)

**＜恋愛論・人生論＞**
**【ダイヤモンド社】**
『25歳までにしなければならない59のこと』
『大人のマナー』
『あなたが「あなた」を超えるとき』
『中谷彰宏金言集』
『「キレない力」を作る50の方法』
『30代で出会わなければならない50人』
『20代で出会わなければならない50人』
『あせらず、止まらず、退かず。』
『明日がワクワクする50の方法』
『なぜあの人は10歳若く見えるのか』
『成功体質になる50の方法』
『運のいい人に好かれる50の方法』
『本番力を高める57の方法』
『運が開ける勉強法』
『ラスト3分に強くなる50の方法』
『答えは、自分の中にある。』
『思い出した夢は、実現する。』
『面白くなければカッコよくない』
『たった一言で生まれ変わる』
『スピード自己実現』
『スピード開運術』
『20代 自分らしく生きる45の方法』
『大人になる前にしなければならない50のこと』
『会社で教えてくれない50のこと』
『大学時代しなければならない50のこと』
『あなたに起こることはすべて正しい』

## 中谷彰宏　主な作品一覧

<ビジネス>

**【ダイヤモンド社】**

『なぜあの人は感情的にならないのか』
『50代でしなければならない55のこと』
『なぜあの人の話は楽しいのか』
『なぜあの人はすぐやるのか』
『なぜあの人は逆境に強いのか』
『なぜあの人の話に納得してしまうのか［新版］』
『なぜあの人は勉強が続くのか』
『なぜあの人は仕事ができるのか』
『なぜあの人は整理がうまいのか』
『なぜあの人はいつもやる気があるのか』
『なぜあのリーダーに人はついていくのか』
『なぜあの人は人前で話すのがうまいのか』
『プラス１%の企画力』
『こんな上司に叱られたい。』
『フォローの達人』
『女性に尊敬されるリーダーが、成功する。』
『就活時代しなければならない50のこと』
『お客様を育てるサービス』
『あの人の下なら、「やる気」が出る。』
『なくてはならない人になる』
『人のために何ができるか』
『キャパのある人が、成功する。』
『時間をプレゼントする人が、成功する。』
『ターニングポイントに立つ君に』
『空気を読める人が、成功する。』
『整理力を高める50の方法』
『迷いを断ち切る50の方法』
『初対面で好かれる60の話し方』
『運が開ける接客術』
『バランス力のある人が、成功する。』
『逆転力を高める50の方法』
『最初の３年その他大勢から抜け出す50の方法』
『ドタン場に強くなる50の方法』
『アイデアが止まらなくなる50の方法』
『メンタル力で逆転する50の方法』
『自分力を高めるヒント』
『なぜあの人はストレスに強いのか』
『スピード問題解決』
『スピード危機管理』
『一流の勉強術』
『スピード意識改革』
『お客様のファンになろう』
『なぜあの人は問題解決がうまいのか』
『しびれるサービス』
『大人のスピード説得術』
『お客様に学ぶサービス勉強法』
『大人のスピード仕事術』
『スピード人脈術』
『スピードサービス』
『スピード成功の方程式』
『スピードリーダーシップ』
『出会いにひとつのムダもない』
『お客様がお客様を連れて来る』
『お客様にしなければならない50のこと』
『30代でしなければならない50のこと』
『20代でしなければならない50のこと』
『なぜあの人は気がきくのか』
『なぜあの人はお客さんに好かれるのか』
『なぜあの人は時間を創り出せるのか』
『なぜあの人は運が強いのか』
『なぜあの人はプレッシャーに強いのか』

**【ファーストプレス】**

『「超一流」の会話術』
『「超一流」の分析力』
『「超一流」の構想術』
『「超一流」の整理術』
『「超一流」の時間術』
『「超一流」の行動術』
『「超一流」の勉強法』
『「超一流」の仕事術』

**【PHP研究所】**

『もう一度会いたくなる人の聞く力』
『【図解】仕事ができる人の時間の使い方』
『仕事の極め方』
『【図解】「できる人」のスピード整理術』
『【図解】「できる人」の時間活用ノート』

**【PHP文庫】**

『入社３年目までに勝負がつく77の法則』

**【オータパブリケイションズ】**

『レストラン王になろう２』

## 著者略歴

**中谷 彰宏**（なかたに あきひろ）

1959年、大阪府生まれ。早稲田大学第一文学部演劇科卒。博報堂に入社し、8年間のCMプランナーを経て、91年、独立し、株式会社中谷彰宏事務所を設立。人生論、ビジネスから恋愛エッセイ、小説まで、多くのロングセラー、ベストセラーを送り出す。中谷塾を主宰し、全国で講演活動を行っている。


※本の感想など、どんなことでもお手紙を楽しみにしています。
　他の人に読まれることはありません。**僕は本気で読みます。**

中谷彰宏


〒460-0008　名古屋市中区栄3-7-9 新鏡栄ビル8F　株式会社リベラル社　編集部気付
中谷彰宏　行


※食品、現金、切手等の同封はご遠慮ください（リベラル社）

[中谷彰宏　公式サイト] http://www.an-web.com/

中谷彰宏は、盲導犬育成事業に賛同し、この本の印税の一部を（公財）日本盲導犬協会に寄付しています。

装丁デザイン　宮下ヨシヲ（サイフォン・グラフィカ）
本文デザイン　渡辺靖子（リベラル社）
取材協力　丸山孝
校正・校閲　宇野真梨子
編集　堀友香・上島俊秀（リベラル社）
編集人　伊藤光恵（リベラル社）
営業　榎正樹（リベラル社）

編集部　猫塚康一郎
営業部　津田滋春・廣田修・青木ちはる・中西真奈美・澤順二

写真提供　アフロ

# 40代がもっと楽しくなる方法

2018年1月22日　初版

著　者　中 谷 彰 宏
発行者　隅 田 直 樹
発行所　株式会社　リベラル社
〒460-0008 名古屋市中区栄 3-7-9 新鏡栄ビル8F
TEL 052-261-9101　FAX 052-261-9134
http://liberalsya.com
発　売　株式会社　星雲社
〒112-0005 東京都文京区水道 1-3-30
TEL 03-3868-3275


ISBN978-4-434-24203-8